域〟長崎の
々の面影

1 風頭の物見遊山　内田九一撮影　1873年ごろ（現・坂本龍馬像そばの旧石切り場）**2** 浜町商店街の歳末大売り出し　1910年代

幕末から明治へ——歴史のパノラマ

1

2

3

4

1 星取山からの長崎市街のパノラマ　ベアト撮影　1864年　2 勝海舟　1877年ごろ　3 坂本龍馬　上野彦馬撮影局で井上俊三が撮影　1867年　4 大浦慶　5 息子の敬を抱く道永栄　6 オランダ人医師ポンペ　7 イギリス商人トーマス・グラバー　8 風頭からの長崎市街のパノラマ　1895年ごろ

7

6

5

8

1外国人居留地の南山手と長崎港　1890年代　左大浦天主堂、中央ベルビューホテル　2梅香崎洋館群と出島　1903年ごろ　手前左から長崎郵便局、大北電信長崎局、日本郵船会社、横浜正金銀行　3三菱長崎造船所立神（第1）ドック　1890年代　フランス人技師ワンサン・フロランの指導で1879年竣工　4本籠町

変貌する国際都市
長崎の景観

4

5

4 商店街　1897年ごろ　居留地と市中の繁華街を結ぶ道路　5 長崎ホテル（1898〜1908）　1900年ごろ　下り松43〜45番、ジョサイア・コンドルの設計、電話・自家発電・大型冷蔵庫を装備し当時極東一の高級ホテル

ステレオ写真に浮かび上がる長崎

1

3

6

1〜5は 1869 年ウイルヘルム・ブルガー撮影のステレオカード　1大浦天主堂と長崎港　2東山手から大浦天主堂を望む　3武士の挨拶　4上野彦馬スタジオの女性たち　5髪飾りを付けた娘　6興福寺の鐘鼓楼　ピエール・ロシエ撮影　1860 年　7長崎港の艦船積み込み（天狗取り）風景　1904 年ごろ

2

5

4

7

開化期長崎を彩った女性たち

1

2

3

1ホテル「ヴェスナー」の庭で病気の上官を見舞うロシア人将校たち　1890年代　2諏訪公園で人力車に乗る芸子衆《げいこし》たち　1897年ごろ　3丸山遊廓長崎検番　1900年ごろ

姫野順一

古写真に見る幕末明治の長崎

明石書店

本書を

癌と戦い　再起を果たしながら
両親と家族の渾身の看護に見守られて
五月一七日、二歳八ヵ月と六日で天に還った
孫　晴希（聖マルコ）の霊に捧げます

はじめに

本書は、二〇〇七年六月二六日から二〇一三年三月三〇日まで、朝日新聞長崎版に毎週一回、五年九ヵ月に亘って連載してきた、長崎古写真の解説記事「長崎今昔」から、後半部分をテーマに沿って再編集したものです。「古写真に見る幕末明治の長崎」「〝異域〟の近代化」が全体のテーマです。本書は、キリシタン時代から江戸時代にかけて一貫して外国に開かれてきた〝異域〟長崎の近代化、すなわち幕末明治における長崎の過渡期の動態を、影像と解説により臨場感を持って再現しています。

第一章は、幕末開港期の出島の再現です。カピタン部屋のオランダ領事館への変身、出島周囲の埋め立て、ポンペやボードイン、マンスフェルトといったオランダ人医師や商社員の住居、来訪するサムライたちの服装や表情が、実際にその場にいる感覚で迫ります。

第二章は、長崎を訪れた坂本龍馬と勝海舟の目線の先にあった、長崎の維新のうねりです。亀山社中の写真の本での公開は初めてです。ここでは坂本龍馬の妻「お龍さん」を預かった小曾根乾堂の家や、薩摩屋敷、龍馬が歩き回った長崎奉行所や諸藩の蔵屋敷、飽の浦の長崎製鉄所などに仮想的に立ち入ります。

第三章は、〝異人館〟と呼ばれた外国人居留地の特集です。あたりには外国商社が入居する和風の洋館が建ち並び、あちこちに各領事館の国旗が翻ります。下町にはホテルやレストラン、英字新聞社、劇場が並び、丘の上には教会や学校が建ちます。国内に現れた〝異域〟のカルチャーショックは甚大で、松江の訪問団は手を組んで現れたオルト夫妻に「アキレハテ」ています。読者はタイムスリップして、ここで居留地のなかを歩きまわる仮想体験ができるはずです。

第四章は中国との交流の再現です。再開港で特権を失い「外夷附属」となった中国人は、唐人屋敷を出て居留地や新地に進出し、日本で初めての中華街を形成します。崇福寺、興福寺、福済寺、聖福寺の唐四カ寺は、出身地に応じた中国人の檀家寺になります。上海航路が新たに開けて、長崎は大陸の新たな玄関口となり、出島、唐貿易時代と違った繁栄を見せます。長崎がアジアに開かれた時代、龍馬や西郷隆盛の世界ビジョンを大陸に求めたのは梅屋庄吉でした。

第五章は、長崎の海と陸の文明開化の影像群です。開港後、長崎港に帆船や蒸気船といった外国艦船が多数入港し、運上所は税関になり自由貿易の活気が生まれます。諸藩の蔵屋敷は衰退し、市街中心部では奉行所が県庁に、町年寄の豪邸は裁判所や学校に変わります。ここで旧いものが残りながら近代化と洋風化が進む、奇妙な混合を影像で観察できます。対岸の飽の浦では産業革命を推進する長崎製鉄所が稼働し、小菅や立神に造船所が登場します。私塾や教授所は学校に、小島養生所・医学所（精得館）は長崎医学校に装いを変えていきます。

第六章は、変わりゆく江戸の残像と明治の光を照らし出しています。女性の地位の向上、上下水道・街灯・電信・電話・舗道・人力車といった都市インフラの整備による街並みの変容、祈りと祭りと習俗の変化、交通の発展と共に都市に巻き込まれる郊外の変化の相がここで浮かび上がります。

本書は、姉妹編である『龍馬が見た長崎：古写真が語る幕末開港』（朝日新聞出版、二〇〇九年）とともに、日本の近代化に先駆けた「長崎の幕末明治の近代化」、すなわち〝異域〟の近代化の「影像事典」の役割を果たせるのではないかと自負しています。

写真はある時点で、ある場所またはある人物を、撮影者が選択して切り取った「現実」です。筆者の専門は、イギリス経済思想史研究ですが、古写真研究では、「言語」の意味と脈絡を解明する思想史の研究方法を、古写真の解読に応用しました。思想研究で「言語」にあたるのが、古写真研究における「影像」（写真）です。こうして筆者は解説で、素材が語る「意味と脈絡（コンテキスト）」にできるかぎり耳を傾けました。さらに記述は、新聞掲載当時から、高校生がわかるくらいの解説を心がけました。とはいえ、読者の皆さまはそれを超えて、さまざまな角度から写真の中にさらに新たな意味と脈絡を発見できると思われます。本書を手がかりに、撮影者、撮影時期、撮影場所、被撮影者が確定できる古写真パズルの解読をお薦めします。手がかりは同じアルバムに収載されている別の写真の撮影時期、また人物だと椅子、欄干、絨毯、置物などのスタジオの備品、風景だと山の稜線、水道栓や街灯、電信柱、側溝、建物の形状などです。ただしハマってくると、古写真パズルの5Ｗ1Ｈ（何時、誰が、何処で、何を、何故、どの様に）の解読は、一つが判ると三つくらい別の疑問がわく世界です。写真解説は「進化」すると考えます。専門、非専門に拘らず、古写真パズルの解読がさらに進化することを期待しています。

古写真パズルの解読が進めば、幕末明治長崎のバーチャル復元がさらに精緻になり、「影像による幕末明治の長崎」の立体復元が可能となります。立体的な過去が浮かび上がれば、グローバル都市長崎の未来展望も歴史的な基盤に立脚して描けることになると思われます。

姫野　順一

二〇一四年五月三一日

【古写真に見る幕末明治の長崎】目次

第四章　古くて新しい中国との交流

第五章　文明開化

終章　幕末明治を撮った日本人写真師

【凡　例】

一、本書は、二〇〇七（平成一九）年六月～一三年三月三〇日まで一九七回に亘って朝日新聞長崎版に連載された「長崎今昔」の中から、〇九年九月以降の記事に訂正、補筆を施し、新たな写真と図版を加えて再構成したものです。

二、日月の表記は、一八七二（明治五）年一二月三日（西暦七三年一月一日）以前は和暦、欧米資料に依る場合は西暦です。

三、写真の多くは長崎大学附属図書館所蔵「幕末・明治の古写真アーカイブ」からセレクトしました。キャプションに提供先が記されていない写真は同館所蔵品です。それ以外の写真についてはそれぞれのキャプションに所蔵機関名を明記しました。

四、市町村名は長崎の人々との縁を重視して、基本的には連載時に用いた名称を使用しました。

五、今日の人権意識、国際認識に照らせば不当、不適切な語句、用語が見られる場合もありますが、本書の歴史的性格に鑑み、当時の言葉はそのまま用いました。

序章　〝異域〟長崎と古写真

◉世界に開かれた日本の〝異域〟

長崎は黒潮の支流である対馬海流が流れ込み、季節風が春と秋で向きを変える海洋に対面し、日本本土の最西端に位置するという地理的な理由から、古来船による来訪者の玄関口でした。周囲を山に囲まれた深く長い港にめぐまれ、地域を簡単に外部から遮断できて防備しやすいという政治的な理由、つまり「地政学 geo-politics」的理由から、長崎は日本にありながら日本に包摂されない〝異域〟であり続けてきました。

一五七一（元亀二）年夏、キリスト教徒が開拓しつつあった町に「南蛮人」と呼ばれたポルトガル人が渡来した時から、長崎は日本における布教と海外貿易の根拠地となりました。南蛮文化が栄え、人々は安息日の日曜にミサに通い、聖歌隊は教会でオルガンやヴィオラの調べに合わせて賛美歌を歌い、精霊降誕祭や復活祭を祝いました。パンやバター、魚や野菜を細かく刻んだスープのヒカドといった南蛮料理が皿に盛られ、カステラや金平糖《こんぺいとう》といった南蛮菓子が子どもを楽しませました。チンタの酒（ワイン）やアラキ（焼酎）がビードロ（ガラス）のコップに注がれ、ラシャ（毛織物）や更紗《サラサ》（木綿染め）が生活に彩りを添えていました。この情景を描いた南蛮屏風

幕末長崎のパノラマ写真。1864年フェリックス・ベアト撮影

は遠くヨーロッパに伝わりました。

ポルトガル人が追放されてキリスト教が禁止され、中央に権力が集中されて鎖国となっても、長崎では髪の赤い紅毛人（オランダ人）は出島で貿易を許され、オランダ経由でヨーロッパの文物が渡来し、紅毛文化が栄えました。生（絹）糸や織物、革製品、砂糖の輸入はアジア経由でしたが、望遠鏡や顕微鏡、デルフト陶器といったヨーロッパ渡りの器物は洋風絵画とともに異国の風をもたらしました。享保期（一七一六〜三六）に蘭書の輸入がさらに緩和されてから幕末までに辞書が生まれ、天文学や医学、工学や化学の新しい知識が蘭学として長崎からもたらされ、オランダ通詞《つうじ》は最初オランダ語を、やがては英語、フランス語、ロシア語を通訳します。

唐人と呼ばれた中国人も貿易が許されました。もともと市内に散居していましたが、元禄年間（一六九〇年代）の火事を機会に唐館と呼ばれた唐人屋敷に集められ、石橋でつながる新地の蔵所で貿易を営みました。「唐人」は、ベトナムやタイの産物をもたらす来訪者（奥船）でもありました。長崎はまた四書五経といった中国の古典やさまざまな漢籍を輸入する窓口でした。華僑とも呼ばれた唐人は檀家寺として黄檗宗の赤寺を建設し、本山の福州の万福寺から唐僧を招き、お経は唐音で唱えられました。唐僧は南宋画や書、彫刻や料理法を伝え、唐通事《つうじ》はその仲介者だったわけです。

こうして長崎はいつでも世界に開かれた日本の〝異域〟であり続けてきました。

●長崎くんちに見る国際交流の歴史

長崎くんちは一〇月七日から九日に催される諏訪神社の秋の祭礼です。もともとキリシタンとの差別を図る町の氏子の祭りとして形成されました。七年に一度交代で出す踊り町の奉納踊や演し物《だ》には、長い年月の間に海外交渉の歴史が刻みこまれています。最も有名な龍踊《じゃおどり》は、江戸時代中期に唐人屋敷に隣接する籠町が唐人に習って奉納踊としました。長喇叭《ながらっぱ》や鞨鼓《かっこ》、半鼓《はんこ》や銅鑼《どら》、蓮葉鉦《ぱっつお》といった唐楽拍子で舞う龍は、中国との交流の証で、

1891年上野彦馬撮影の長崎くんち。今博多町の傘鉾：長崎歴史文化博物館所蔵

県の無形民俗文化財に指定されています。

江戸時代から西浜町の演し物である龍船《じゃぶね》は、荒木宗太郎の御朱印船の再現です。一九七〇（昭和四五）年からは本《もと》石灰《しっくい》町も御朱印船を出して、東南アジアとの貿易を再現しています。「アニオーさんの行列」として演じられるのは、宗太郎と安南（ベトナム）王族の娘との絢爛な婚礼行列です。

ほかにも中国との交流に関わる演し物には、小川町の唐獅子、大黒町の唐人船、元船町の唐船祭りがあります。小川町の浮立獅子舞は安南付近の流れを汲んで二〇〇年以上の伝統をもち、市の無形民俗文化財に指定されています。唐船が停泊し、守り神である媽祖《まそ》を預ける福済寺に近い大黒町の演し物は、曳物《ひきもの》と呼ばれる唐人船です。唐船の入港から接岸、上陸、航海安全を祈願するボサ（媽祖）祭りを再現しています。本踊りでは踊子が町娘と唐人の友好を表し、「うかれ唐人」などのコミカルな踊りが添えられます。一九五一（昭和二六）年から始まった元船町の白、赤、緑のカラフルな唐船祭も唐船貿易の再現となっています。「ヤーハッ」（冴福＝福よ来い）という中国起源の掛け声で船がグルグル回され、前後に押され、爆竹と明清楽の調べに合わせてチャイナドレスの子どもたちがあいらしく舞い踊ります。

銅座町の演し物は、南蛮屏風から飛び出して来たような大航海時代の南蛮船や南蛮行列。阿蘭陀船を出すのはオランダ貿易の場であった出島町と門前の江戸町です。ドラムやシンバルといった洋楽器による子どもたちの演奏が異国情緒を醸し出します。阿蘭陀万歳は町検番のあった新橋町の演し物。オランダ人の衣装をまとった二人のピエロがコミカルな仕草で舞い踊ります。これに一九七七（昭和五二）年からは栄町が加わりました。長崎のおくんちの演し物には国際交流の歴史と異国情緒があふれています。

●写真術の展開

写真とは光の作用により感光剤に画像を記録すること、または記録されたものです。フォトグラフ photograph はギリシャ語で「光の絵」を意味しました。化学の基盤が錬金術であるとすれば、写真の原理は光への関心、つまり占星術でした。暗室の小さな穴を通過した光が反対の壁の表面に逆像を映し出すというカメラ・オブスキュラ（ラテン語の「暗い部屋」）の現象は、紀元前五世紀に中国の『墨子』という書物に記されています。その一世紀後、アリストテレスも木々の葉からこぼれる地面に映った太陽の日食を観察しました。

この現象は一一世紀にアラビアの科学者やレオナルド・ダ・ヴィンチが記録し、一六世紀にはイタリアのデラ・ポルタが絵を画く道具としてこれを利用しています。一七世紀にはドイツのJ・H・シュルツとスウェーデンのC・W・シェーレが、銀の化合物（硝酸銀）を光に反応させると黒化する研究を進めました。一八〇二年にはイギリスのトマス・ウェッジウッドがこれをカメラ・オブスキュラに応用しています。このころ光を使った道具としてフランスで光のシルエットをなぞるフィジオノスラートや反射光と透過光を用いた見世物のジオラマが登場し、イギリスではプリズムを使った写生装置のカメラ・ルシダが現われています。

画像を紙に定着させる写真技術の登場は一九世紀のことでした。フランスのJ・N・ニエプスは「ユダヤのビチュメン」と呼ばれたアスファルトが光で硬化する性質を利用して、一八二二年に画像の定着に成功しています。

上野彦馬のカメラ（右上）と携帯暗室（左上）および種板入れ（左下）：長崎歴史文化博物館所蔵

二六年には世界最初の風景の定着画像「書斎からの眺め」をヘリオグラフィー（太陽の描画）として発表しました。フランスのL・J・M・ダゲールはニエプスと協力し、ニエプスの死後独力でヨウ化銀板に水銀蒸気をかけると像が現れることを発見し、ダゲレオタイプ（銀板写真）と命名します。科学者で政治家のD・F・Jアラゴはこの技法を三九年八月一九日にフランス学士院で公表し、この日は写真の日になっています。一方イギリスのH・F・タルボットは三五年にネガ（陰画）を食塩水やヨウ化カリウムにより紙に反転して定着させることに成功し、のちにこれをカロタイプ（美しい描画）と名づけました。現在のネガ・ポジ法のはじまりです。

一八五〇年代はダゲレオタイプやカロタイプの肖像写真の全盛時代でした。五一年にはイギリスのF・S・アーチャーによりコロジオン溶液をガラスに塗り、硝酸銀溶液に浸してヨウ化銀をつくるといういわゆる湿板写真が開発されます。これと卵白を塗った印画紙（鶏卵紙《けいらんし》＝アルビュメン）の発明が重なり、写真は高感度、鮮明、大判、複製の時代を迎えました。

写真術の技法は出島経由で輸入された蘭書を通じてすぐに日本に伝わりました。日本にカメラが最初に入って来たのは一八四三（天保一四）年です。この年上野彦馬の父俊之丞《としのじょう》がダゲレオタイプのカメラを出島のオランダ商人から輸入しています。

第一章　幕末開港、世界史の中へ

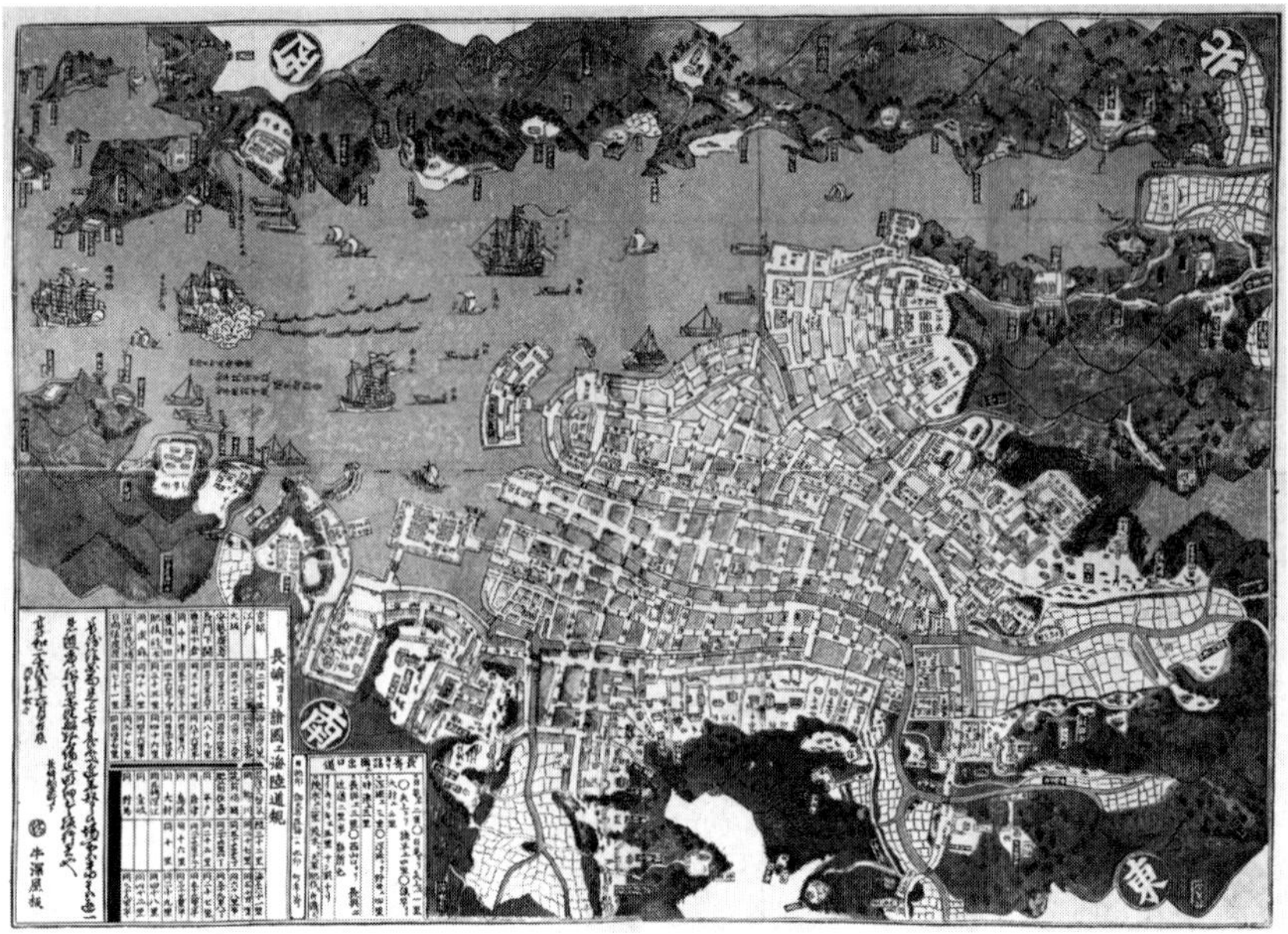

「肥前長崎図」（1802年、長崎船大工町牛深屋板）：長崎歴史文化博物館所蔵

長崎は異文化の坩堝

江戸時代に長崎を訪れた旅人は、お土産に長崎の地図を買って帰りました。長崎の地図には出島や唐人屋敷が描かれ、異国情緒を漂わせています。世界の国や地域を紹介した「万国総界図」や、衣装も肌の色も違う世界の人物を紹介した「万国人物図」なども長崎で入手できました。長崎は異文化が入ってくる窓口でした。

図は一八〇二（享和二）年に長崎船大工町の牛深屋が出版した「肥前長崎図」です。寛文年間（一六七〇年頃）に完成する山と海に囲まれた長崎の惣町八〇ヵ町（出島、丸山、寄合の三ヵ町と七七ヵ町）が描き出されています。海に突き出すのは出島です。平戸からポルトガル人商人を迎えるために一六三六（寛永一三）年出島商人により築造されましたが、鎖国で追放され、代わりにオランダ人が入居したのは四一（寛永一八）年でした。手前に浮かぶ四角の人工島は、一七〇二（元禄一五）年に竣工した新地（現・中華街）で、唐人の荷物蔵です。石橋でつながる囲いの場所は唐人屋敷。この一帯は丸山、寄合

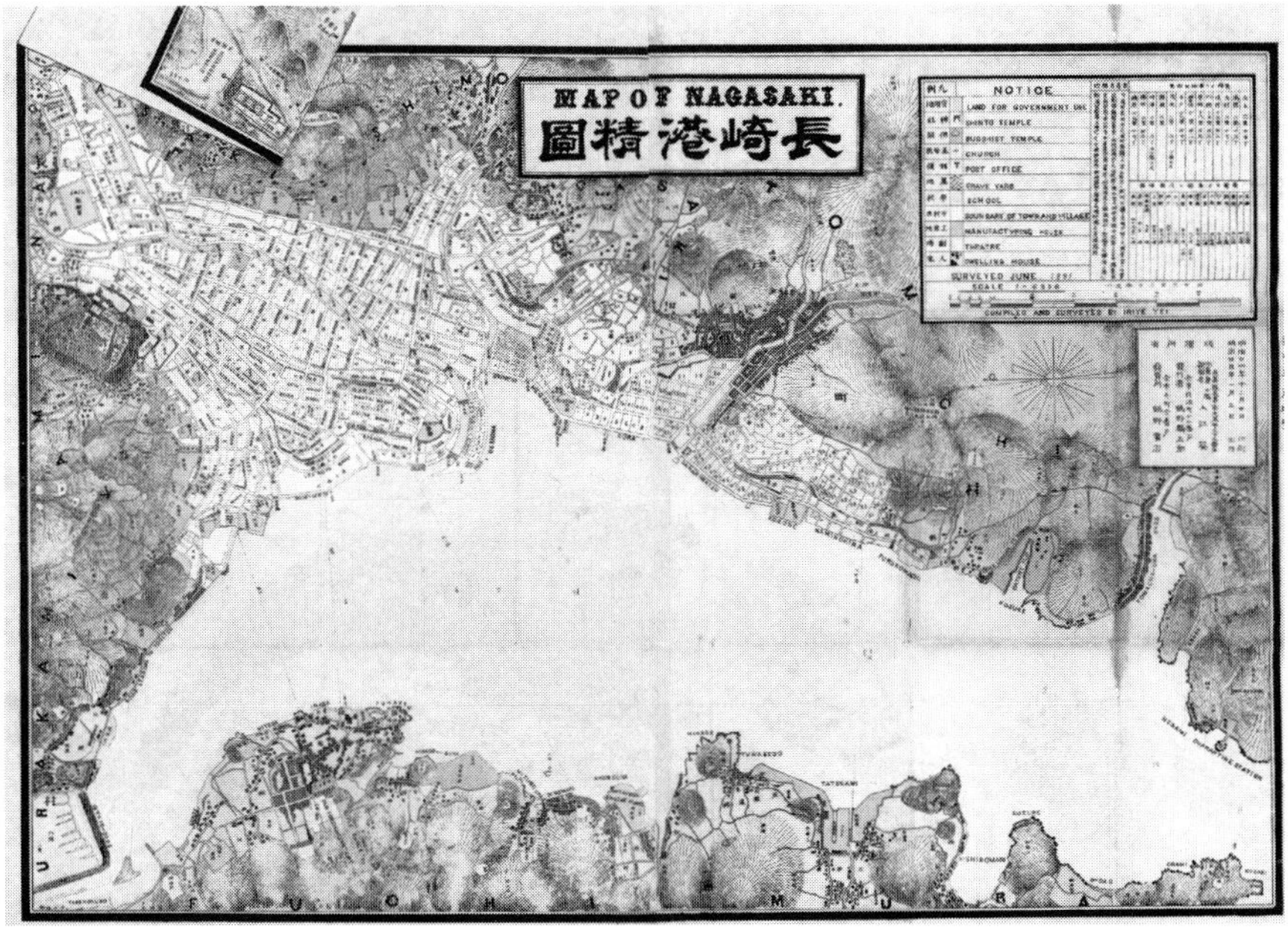

「長崎港精図」（1892年、長崎鶴野書店発行）

の遊廓に隣接した町のはずれでした。湾の形から「鶴の港」と呼ばれた海には唐船や御用船が浮かび、阿蘭陀船からは入港合図の砲煙が上がっています。

長崎奉行所は町の西と東の二ヵ所に置かれています。そこ以外に武士はいないため、長崎警備は近くの藩に任されました。各藩は長崎に蔵屋敷を置き、聞役が藩貿易や情報収集にあたります。町民には長崎会所から貿易利銀として、間口および竈《かまど》数に応じて箇所銀と竈銀が配られました。長崎は貿易で潤う特権的な町だったのです。阿蘭陀通詞と唐通事は町役人でした。

上の図は一八九二（明治二五）年に刊行された「長崎港精図」で、江戸から明治への時代の変化を物語っています。幕末開港期には梅香崎・大浦・下り松・浪の平・東山手・南山手に外国人居留地が造成されています。町を横切る人力車の路線図や、対岸の稲佐にできたロシア人の居留場、飽《あく》の浦の長崎造船所は長崎の文明開化と近代化を現しています。

長崎は内外の古いものと新しいものが入り混じり合う、世界史の坩堝《るつぼ》でした。

出島の変貌

●幕末の出島

海から眺めた江戸時代最後の出島の姿です。長崎大学のボードイン・コレクションの中の一枚です。

左端は一八六四（元治元）年七月に建てられたカスタム・ハウス（税関）。出島を囲っていた練塀は除去され、石垣だけが写されています。一八六七（慶応三）年に築造される外回りの遊歩道が見えないので、六五（慶応元）～六六年ごろの撮影であることがわかります。撮影者は、小島養生所・医学所（後の長崎医学校、現・長崎大学医学部・病院）二代目教頭のアントニウス・フランシスカス・ボードイン博士か弟のアルベルト・ヨハネス・ボードインと思われます。

左から二番目の建物は「オランダ通商会社」（NHM）、次の手前に見える小さな建物は「医者（ボードイン）の家」、写真継ぎ目の元カピタンハウス（オランダ商館長の家）だった領事館のテラスは「夏の涼み所」と、鉛筆書きのオランダ語で書かれています。領事館の左にはオランダの旗竿《はたざお》が見えます。

右半分は一八五九（安政六）年の火災後、新しく建て替わった店

海から眺めた江戸時代最後の出島。２枚１組になり、写真の中にオランダ語の書き込みがある。1865～66年ボードイン兄弟の一人が撮影

舗や倉庫兼住宅です。ベランダの付いた中央の建物にはクニフラー商会が入居し、ここにプロイセン（英語でプロシア）領事館が置かれたため、そばにプロイセン国旗が翻っています。その右側の建物群にはボードイン博士の弟アルベルトや、エアリアン商会、フェジトル商会、シュット商会などが入居していました。

開国後、オランダ側が日本の地主に借地代の清算を済ませ、出島が名実ともに外国人居留地に編入されたのは、一八六六（慶応二）年のことでした。

●バルコニーが印象的なオランダ領事館

出島3番のオランダ領事館を海側から撮影しています。江戸時代、出島の商館長がここに住み、カピタン部屋と呼ばれました。一八五八（安政五）年の日蘭修好通商条約を機に、領事館となりました。六三（文久三）年からの駐日オランダ領事は医師ボードインの弟アルベルトで、オランダ通商会社の代理人を務めていました。

お雇い医師C・G・マンスフェルトは六六（慶応二）年七月に着任し、アルベルトの手配で最初ここに寄宿しました。六七年三月、出島11番の新しい住居に引っ越します。

出島の外周に遊歩道ができるのは六七（慶応三）年です。この

出島のオランダ領事館。1871年ごろマンスフェルト撮影

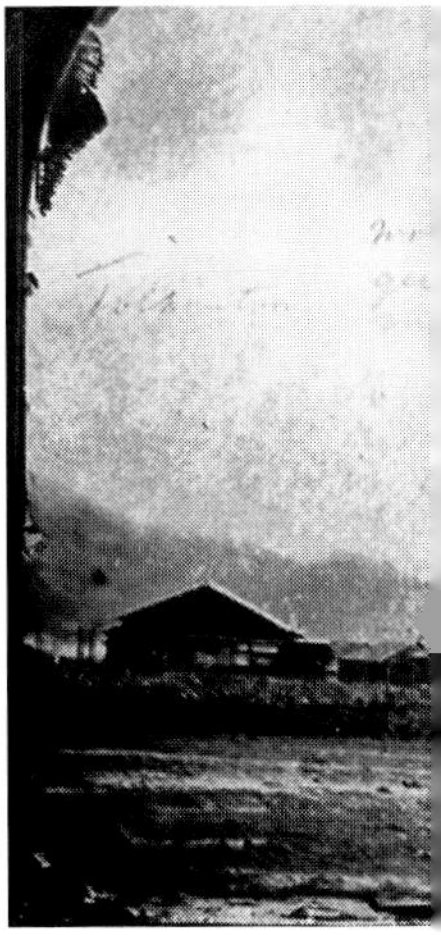

写真が撮影されたのは七一年ごろで、遊歩道を挟んだ海側石垣塀の外から領事館の背面を撮影しています。左右にピンと張られたロープは領事館の大きな旗竿を支えています。

建物に目を向けると、海に突き出したガラス張りの「涼み所」（バルコニー）が印象的です。外壁を取り巻く木塀も洋風にサイディングされていますが、屋根は瓦葺《かわらぶ》きです。

カピタン部屋は一七八四（天明四）年に建て替えられた記録があります。画家の春木南湖は八八年、新しく建て替わったカピタン部屋を訪問して内部を写生し、窓には「ヒイトロ（ガラス）」、門柱は「モヨキ（モエギ＝萌黄）」、階段は「チャン（ペンキ）塗り」、手すりは「朱塗り」と書き入れています。

復元された現在のカピタン部屋が示しているように、建物の外壁には黄緑のペンキが塗られていたようです。

●明治初期の新地と出島

横浜で発行された写真貼り付け英字新聞『ザ・ファー・イースト』の一八七一（明治四）年七月一日号に掲載された長崎の新地（右側）と出島（中央左側）の写真です。この新聞は文明開化が進む明治の初め、貼り付けた写真で日本各地を紹介し、写真による新聞報道の始まりとなりました。

撮影ポイントは十人町の丘の上で、左の木造家屋は江戸時代の遠見番所の名残です。中央の中島川河口には長さ約九〇メートルの新大橋が架かっています。その右には出島新橋、さらに、左端の大きな家の屋根の右横には梅香崎橋が確認できます。これらの橋は、外国人居留地に住む居留民の遊歩道として一八六九（明治二）年に架設されました。木製の桁橋で、この三つの橋によって出島から大浦にかけての海岸通りは連結され、要所には街灯（ランプ）が建てられ、居留地バンド（帯状の船着き場）の洋風景観が完成しました。

江戸時代に中国貿易に使われた新地の蔵のうち、海岸側は擬洋式の二階建て洋館に建て替わっています。これが長崎の中華街の始まりです。中島川の河口右に見える大きな二階建ての建物は、対馬藩の蔵屋敷跡（現・十八銀

十人町から写した出島と新地。『ザ・ファー・イースト』1871年7月1日号

行本店）に建てられた中国商社「広隆号」の店舗兼住宅です。

出島には、教会や神学校はまだ見えず、和洋折衷の倉庫が立ち並んでいます。左に小さく見える柱はオランダ領事館の旗竿です。

出島奥の木に挟まれた建物は、旧長崎奉行所西役所です。町中に大きな建物はまだ見えません。遠く立山の裾には本蓮寺や福済寺の瓦葺きの屋根が見え、長崎湾は浦上まで奥深く入り込んでいます。

まだ幕末の面影を残す新地と出島の古写真です。

●出島の前に広い砂州

一八七二（明治五）年六月一四日～一七日、明治天皇の西国巡幸に随行した写真師内田九一《くいち》は、故郷長崎の市内各所で記念写真を撮りました。次頁の写真はグラバー商会の敷地だった南山手4番の高台から大浦居留地と出島方面を撮影したものです。

明治天皇は六月一四日、軍艦龍驤《りゅうじょう》に乗り、同じく軍艦の第一丁卯《ていぼう》に先導されて長崎に入港しました。宿舎は島原町の旧町年寄高木清右衛門邸でした。島原町は天皇の宿泊を記念し、この時に萬歳町と町名を改めました（現・万才町）。

南山手から望む大浦居留地。奥の出島前面には広大な砂州が見える。
1872年内田九一撮影

天皇の視察先は立山にあった県庁やグラバーが出資した小菅修船場（そろばんドック）や、飽の浦造船所などでした。写真左端に写っている船は、マストの形状から、龍驤が率いる艦隊の軍艦鳳翔のようです。

撮影時は干潮で、奥の出島前面には広大な砂州が見えます。江戸幕府が崩壊して以降は浚渫《しゅんせつ》工事が途絶えたため、中島川の河口で土砂の堆積が進んでいます。これでは大型船が港内に進めず、小型の艀《はしけ》も出島や大浦に接岸しにくいため、一八八五（明治一八）年から中島川の流れを出島の北側へ変える工事が内務省直轄で始まることになります。

左下の擬洋館は南山手8番。この時は水先案内人のジョン・スミス一家が住んでいました。

二本の白い旗竿が立つ右側の大きな建物は、メアリ・グリーンが一八六三（文久三）年に南山手11番に開業したベルビューホテルです。現在はANAクラウンプラザホテル長崎グラバーヒルとなっています。

その手前には大浦天主堂へ上がる坂道が見えます。中央の木の茂みの左に見える黒っぽい小山は、高島炭鉱から運ばれた石炭です。

1873年の長崎市街中心部と長崎港。内田九一撮影

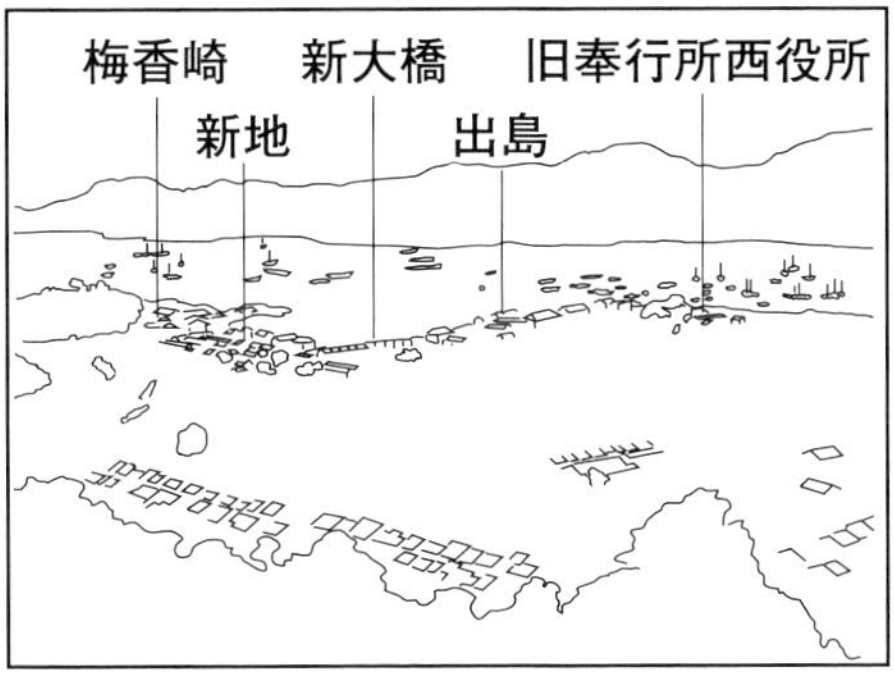

●洋館と和風建築点在

文明開化が始まった一八七三（明治六）年冬に風頭《かざがしら》から撮影された市街中心地と長崎港です。撮影者は再訪した内田九一です。

一八五九（安政六）年の幕末開港で大浦に外国人居留地ができ、英米人をはじめ、多くのヨーロッパ人が長崎に住み始めました。明治維新の後、洋風化は市街地中心に広がり、市民の生活も近代化していきます。カメラはこの過渡期をつぶさに写し撮りました。

左端の茂みから張り出した部分は、洋館が立て込んできた梅香崎居留地です。その先に七三年六月に完成した税関の建物が写されているので、撮影が巡幸の翌年であることがわかります。四角く区切られた部分は、蔵が店舗住宅に変わりつつある新地です。その左横で白く光るのは、内浦と呼ばれた内海です。

当時、中島川はまだ変流工事の前でした。新地の右側には、居留地方面から出島方面につながる新大橋が見えます。新大橋の右岸たもとには、中国の商社広隆号の新築の白い二階建てが確認できます。

出島の右にある黒い茂みは、旧奉行所西役所です。まだ和風の屋敷が並んでいますが、やがて洋風の県庁舎が建ち、一帯に明治を象徴する裁判所や学校が立ち並びます。

1873年の出島と旧奉行所西役所周辺の拡大写真

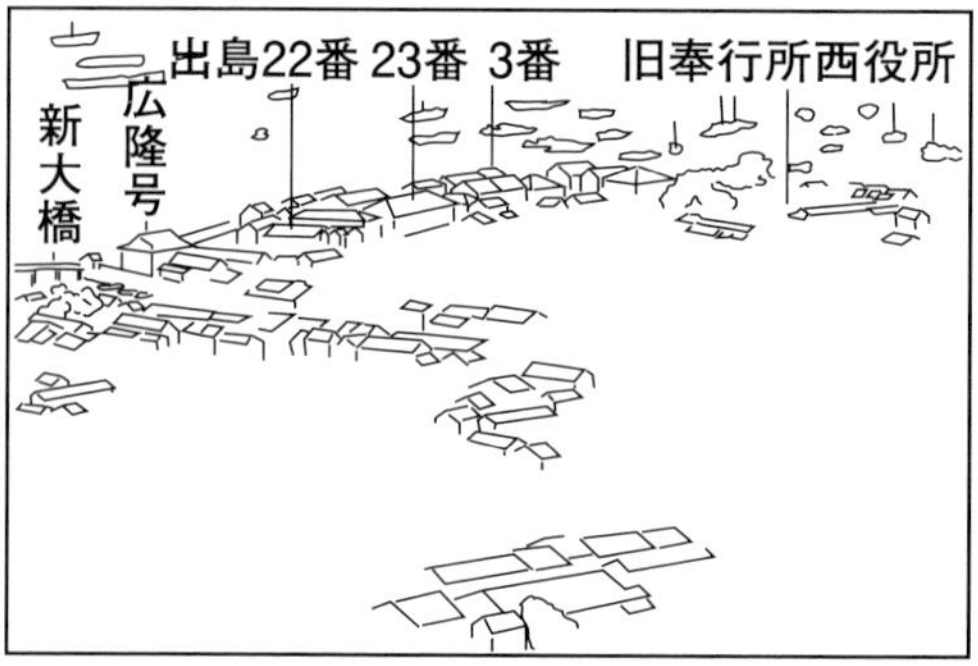

下町の建物は江戸時代の木造姿で、長崎の豊かさを示す白い土蔵があちこちに見えます。

●屋根も多彩な洋館群

一八七三（明治六）年に内田九一が風頭から撮影した長崎市街のパノラマ写真（前頁）の出島と対岸部分を拡大してみました。六六（慶応二）年に英国人写真家のフェリックス・ベアトが撮った写真と比べてみましょう。

出島の手前側、窓がたくさん見える大きな建物は出島22番。ドイツのクニフラー商会が新築した製茶場でした。

1866年、ベアトが風頭から撮影した長崎港の写真から出島の部分を拡大

右隣の白黒まだらの大きな屋根は出島23番で、クニフラー商会の倉庫でした。ベアト写真では切《き》り妻《づま》造りでしたが、寄《よ》せ棟《むね》造りに建て替わっています。

出島の中央から対岸の江戸町の正面に石橋が架かっているのですが、写真では建物の陰で見えません。近くには坂本龍馬にライフル銃を売ったドイツ人ハルトマンの会社の石蔵があり、これは今も出島に残っています。白黒が半々の屋根は出島17、16番。一八七〇（明治三）年にはプロシアのシュッツ・ショイテン商会が入居していました。背後の三段屋根は出島3番で、かつてはオランダ商館長の屋敷（カピタンハウス）でした。このときはオランダ領事館です。

写真右の茂みに、旧奉行所西役所（現県庁）がまだ残っています。中央に御本屋、これを取り囲むように御門長屋と船番長屋が写っています。翌年にはここに初代の新県庁舎が建ちます。

写真では家並みに隠れて見えませんが、画面下部を中島川が一直線に抜け、新大橋下から長崎港に注いでいます。

●長崎の町に溶け込む出島と新地

江戸時代、唐人の貿易蔵が置かれていた新地（現・中華街）と、オランダ人の居住地、貿易地だった出島は、明治になって急速に姿を変え、長崎の町に溶け込んでいきます。

出島は幕末に外国人居留地に編入されました。新地も維新前後に、徐々に居留地に組み込まれていきます。

次頁上段の写真は一八七四（明治七）年ごろ、維新で廃寺となった大徳寺跡から撮影されています。市民の町と

1874年ごろ大徳寺跡から撮影した新地と出島

1874年ごろ撮影した出島の３枚組パノラマ写真

外国人居留地との接点です。

右の銅座川から写真の中央と左側にかけての場所が新地（約一・二ヘクタール）です。奥に見える建築群が出島（約一・三ヘクタール）です。右奥の茂みにあった長崎奉行所西役所はすでに姿を消しています。一八七四年七月二八日、ここに第一次県庁舎の洋館が建ちましたが、一ヵ月もしない八月二一日に台風の直撃で倒壊してしまいます。台風の最大瞬間風速は六〇メートルを超えていたようです。

新たに造成された新地の背後や右の銅座川の岸辺には、家を新築するための材木が積み上げられています。華僑が商業活動を拡張するためでした。

銅座川には銅座から新地の表門に架かる石橋が見えます。一七〇二（元禄一五）年、海中に新地が築造されたときに架橋されました。出島表門の石橋と同形です。石橋を渡って写真右端の銅座側に入ると、写真では見えませんが、右に薩摩屋敷、左に久留米藩の蔵屋敷がありました。

河口には一八六九（明治二）年に架かった新地と築町を結ぶ新大橋、その奥に築町と出島をつなぐ出島新橋が見えます。築町の旧俵物役所の場所には、新築の中国商社広隆号の白い二階建てが見えます。出島にはまだ教会がありません。

●新時代向け建物次々

一八七四（明治七）年ごろ、大浦方面から撮影された三枚組の出島のパノラマ写真と、スチルフリード・アルバムに収録された七七（明治一〇）年ごろの出島

1877年ごろ撮影の出島

です。

パノラマ写真（前頁）の左側は、三段屋根のカピタンハウスをはじめ、ベランダが付いた洋館兼倉庫群が建つ出島の中心部。オランダやドイツの商社が入居していました。

中央の橋は一八六九（明治二）年架設の地獄川河口の出島新橋で、出島の東と築町（対馬屋敷跡）をつないでいます。出島の海側を埋め立てて造成した道路は大浦の外国人居留地に橋でつながる遊歩道で、乗馬の際の散歩道でした。

出島新橋左の出島11番には、一八七五年七月に完成する出島教会堂の工事中の小屋組が見えます。正式にはイギリス人のモンドレルが司祭をつとめた日本人専用の長崎監督教会となる建物で、日本聖公会長崎三一教会の草創期の姿です。教会建築研究者の山口光臣氏は、天井の梁をむき出すイギリス系木造化粧小屋組として日本最古であると指摘しています。

パノラマ写真右の大きな橋は、中島川河口に一八六九年に架けられた新大橋で、築町と新地をつないでいます。築町には、台風被害から修復中の中国商社広隆号の洋館が見えます。七七（明治一〇）年に松田永見商会を継承して創業する第十八国立銀行は八九（明治二二）年に東浜町からここに移転します。

一八七七年ごろ撮影の右の写真では、完成した出島教会堂の左横に尖塔《せんとう》が付いた一八七六年完成の初期の神学校が見えています。

パノラマ写真の背景の松の茂みには旧奉行所の建物はすでになく、この写真では一八七七年に新築された二代目の長崎県庁舎が屋根をのぞかせています。

1902年ごろの出島の全景

●陸続き工事、面影変容

一九〇二（明治三五）年ごろ、梅香崎から撮影された出島の全景です。印画紙はまだ鶏卵紙を使っています。撮影者は不詳ですが、原板が着色されているので外国人に土産として販売された、いわゆる横浜写真です。

左端の小さな建物は水上警察署で、元々の遊歩道の馬返しから輸入貨物の検査場になっていた場所でした。出島2、3番に建っていたオランダ領事館（旧商館長宅）は、完成したばかりの六角屋根が特徴的なボーデンハウス邸に建て替わっています。

出島の東端（右側）に目を向けると、鐘楼の付いたイギリス聖公会の神学校の建物が増設されていて、現在の形になっています。その右奥に見える鐘楼は一八七六（明治九）年にアメリカのメソジスト監督教会のジョン・キャロル・デヴィソン牧師が出島24番に建てて、その後この場所（新出島22番）に移転してきた出島メソジスト教会（美以教会）のもので、日本基督教団長崎銀屋町教会の前身です。その横の地獄川河口だった場所は、中島川の変流工事で埋め立てられ、出島と築町が地続きになっています。付近には、八九（明治二二）年に架けられた出島橋が見えます。

出島後方の大きな洋館は、左から順に一八七六年に建て替わった木造二階建ての二代目長崎県庁舎、同年に建った三階建ての長崎地方裁判所、新町小学校（旧師範学校）です。写真右端の二階建ての大きな洋館は、八九年に新築された第十八国立銀行（現・十八銀行本店）です。寄せ棟造り、桟瓦葺き、外壁モルタル吹き付けでした。

中島川が運んできて出島前面に堆積する土砂を浚渫し、大型船を接岸できる港湾を整備することは明治政府の悲願でした。一八八五（明治一八）～八九年に実施された中島川変流工事によって出島は陸続きになり、その面影は変容していきます。

出島を訪れた人びと

●ポンペ――近代医学教育を実施

一八六〇（万延元）年夏、出島で撮影された小島養生所（長崎大学医学部の前身）の初代教頭ポンペ・ファン・メールデルフォルトです。ボードイン・コレクションの一枚。海軍士官の制服にサーベルを付け、机には軍の制帽が見えます。座っている椅子は、ポルスブルックの写真にもあり、少なくとも六〇年には出島での撮影時に使われていたことになります。背後にカーテンが見えるのですが、場所はポンペの自宅、つまり花畑亭あるいは外科部屋と呼ばれた東端の建物と思われます。

後日商館長の家の裏庭にも写場がありました。この出島のスタジオは、六二年秋に開業した上野彦馬や横浜の下岡蓮杖のスタジオよりも古く、六一年に江戸で開業した日本初の商業写真家、鵜飼玉川《ぎょくせん》のスタジオよりも古いかもしれません。撮影者が誰かは謎ですが、ロシエか。ポンペは五九（安政六）年一二月に写真撮影に成功しているので、カメラと薬品は本人が用意し、出島在住のアルベルト・ボードインあたりが撮影したのかもしれません。

ポンペは一八二九年五月、ベルギーのブルージュ生まれ。ユトレヒト陸軍軍医学校を出て海軍に入り、軍医としてジャワの勤務を経て、五七（安政四）年九月に第二次海軍派遣隊の一員として長崎にやってきました。

ポンペ。1862年、出島で撮影

ポンペの見聞記『日本における五年間』には、長崎で組織的かつ規則的な近代医学教育を実施したと書かれています。ポンペは日本初の西洋式病院となる小島養生所・医学所で、体系的なカリキュラムに基づいたオランダ語による講義を実施し、西坂の刑場では解剖を行いました。長崎で流行したコレラと天然痘とも闘い、種痘を普及させました。各地からやってきた医学生六一人に修了証書を出しています。

写真には、言葉が通じない学生たちに、一人でヨーロッパの近代医学を伝えた自信がみなぎっています。

●ポルスブルック——外交、貿易交渉に奔走

剣をつけた正装のオランダ公使兼総領事ディルク・デ・グラーフ・ファン・ポルスブルック（次頁）です。椅子はポンペの写真と同じものです。ポルスブルックは一八六四（元治元）年五月、下関戦争を回避するために長崎で勝海舟との会談に臨んでいます。この時、長崎領事であったアルベルト・ボードインが撮影したものと思われます。

一八五七（安政四）年六月、二三歳で出島オランダ商館の第二補佐官に任命され、七月にバタビアから長崎にやってきました。日記によると、外交権を持つ最初の弁務官となったオランダ商館長ドンケル・クルチウスが秘

ポルスブルック。1864年出島で撮影

書官に任命したので、条約改正や貿易交渉で多忙だったようです。ロシア使節プチャーチンの通訳をしたのもこの時期でした。

五八（安政五）年三月から、弁務官と共に江戸の将軍に挨拶する参府旅行に出て、アメリカ総領事のハリスや通訳のオランダ人ヒュースケンとの交流を深め、八月に長崎に帰着しています。

五九（安政六）年六月、神奈川に転任して副領事となりましたが、攘夷の嵐の中でした。ヒュースケンはポルスブルックと別れた直後に斬り殺されました。次々と起こる外国人襲撃、外国公館焼き討ちや、薩摩の行列を横切ったイギリス人が殺害された生麦《なまむぎ》事件などの後始末に奔走しました。

常々態度が優柔不断であったといわれる先任のデ・ウィットに代わり、一八六三（文久三）年六月には総領事に、一一月には公使兼総領事に任命されました。その後明治政府の外交顧問を務め、一九一六年にオランダで亡くなります。

ポルスブルックが持ち帰った日本関係アルバムは、現在、アムステルダムの海事博物館に収蔵されています。

●下関戦争前夜のオランダ海軍士官

オランダ海軍の軍艦メタレン・クルイス号（上）とドゥジャンビ号（下）の乗組員の軍服正装での記念写真です。

下関戦争（一八六四＝元治元年八月）が始まる四ヵ月前、準備のために長崎に寄港した際に撮影しています。ボードイン・コレクションのなかの二枚です。光を散らすため背後に白い屏風が立てられています。撮影者はアルベルト・ボードイン、場所は出島と思われます。

オランダ海軍のメタレン・クルイス号（上）とドゥジャンビ号の士官ら（下）。1864年出島で撮影

記録によれば艦の大きさは各二一〇〇トン、乗組員数は二四〇人でしたので、写されているのは士官だけです。袖章や襟章からもそれがわかります。上の写真で袖口が丸に四本線なのはオランダ海軍大佐のドゥマン艦長です。手にするカップは戦功の証、巻かれた旗は艦旗でしょうか。下の写真前列でステッキを持ち、袖口が丸に三本線の海軍中佐はリース艦長と思われます。右端の日本人女性は給仕のようです。

この時、出島に住んでいた長崎領事のアルベルトは、四月一八日の日記に「二週間後にポルスブルック総領事を乗せたジャンビ号が入港する予定です。またメデュサ号と交代するメタレン・クルイス号も来港します。士官一同の宿舎や夕食の手配は結構出来るでしょう」と書いています。

幕府の軍艦奉行をしていた勝海舟はこの時、坂本龍馬を伴い、外国の軍艦が長州を攻撃しないように交渉するため長崎に滞在していました。海舟は五月一日（西暦）の日記に「立山にて、蘭将、並びにコンシュル、ポルスブルックへ逢接。下関戦争の事を止む」（『海舟日記』）と書いています。

つまり横浜からドゥジャンビ号に乗って長崎に着いたばかりのオランダ総領事ポルスブルックはすぐに海舟との会談に臨んだということになります。その時同席した「蘭将」がドゥマン艦長だったと思われます。

●開港迫る総領事を運ぶオランダ軍艦の乗組員

オランダ海軍の軍艦ザウトマンの乗組員です。この船は一八六一年にアムステルダムで建造された蒸気帆船で、石炭を燃やして外洋を走りました。前の方で黒っぽい制服を着ているのは士官たち。後方の白いセーラー服は水兵です。中央右で体をちょっと右に傾けて、帽子を握る人物がヤコブ・ファン・デル・メールス艦長です。袖口に大尉を示す丸と四本線の海軍艦長の腕章を確認できます。

一八六四（元治元）年八月の下関戦争に参戦した四ヵ国連合艦隊一七隻のうち、四隻がオランダの軍艦でしたが、ザウトマンは参戦していません。翌六五（慶応元）年、ザウトマンは四隻の軍艦と入れ替わりにジャワから日本に

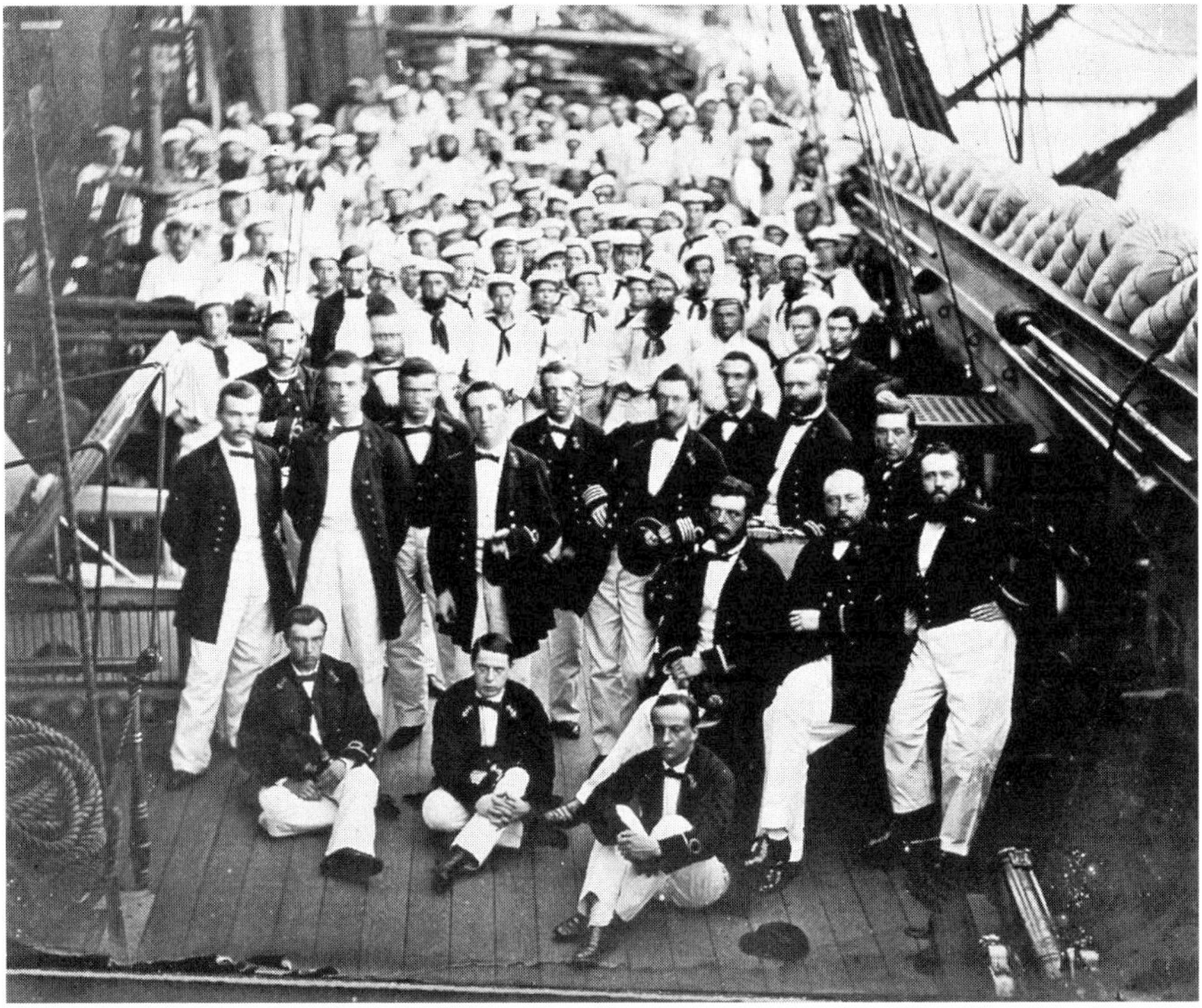

オランダ軍艦ザウトマンの乗組員たち。1865年撮影

派遣され、オランダ人の護衛のために横浜や長崎に寄港しました。アルベルト・ボードインは六五年六月一〇日の日記に「軍艦がジャワに去ったあとかつてない静けさが訪れ、私はこの雰囲気を心から歓迎しています。三週間後には軍艦ザウトマンとポルスブルック氏が横浜に到着の予定です」と書き残しています。

同年一一月、大坂滞在中の将軍徳川家茂に兵庫、大坂の開港を迫るため、ザウトマンはオランダ代表のポルスブルック総領事を乗せて両港へ航海しました。ポルスブルックが二一日に兵庫港で書いた、将軍あての手紙が残っています。

アルベルトは一〇月一〇日の日記で、九月にオランダの商船四隻が台風や座礁によって沈没し、大きな損害を出したと書いています。台風シーズンの日本近海の航海は大変危険でした。

アルベルト・ボードイン（左）と中原猶介（右）。出島商館長の屋敷で撮影された。背景の木の枝などから、ほぼ同時期に撮られたのではないかと推測できる。1866年ごろ撮影

●ボードイン弟と中原猶介

出島商館長の屋敷（カピタンハウス）の庭で撮影された二枚です。左がオランダ領事兼商人のアルベルト・ボードイン、右は薩摩藩士の中原猶介《なおすけ》です。木の枝と椅子の形が同じなので、ほぼ同時期に撮影されていることがわかります。アルベルトと、オランダ語に堪能だった中原が、商談の休息時に撮った可能性があります。

ボードイン兄弟の弟アルベルトは、オランダ東インド会社を継承したオランダ貿易会社の一員として、一八五九（安政六）年、バタビアから長崎にやって来ました。出島に居住し、七四（明治七）年の帰国まで会社の代理人として織物や薬品、それに艦船や武器を日本へ輸入し、生糸、木蠟《もくろう》、磁器や漆器の輸出を手がけました。上野彦馬が六〇（万延元）年、スイス人写真家ピエール・ロシエに勧められて舶来のフランス製カメラを入手したのも、アルベルトからでした。

中原は幼少から蘭学や舎密学《せいみ》（化学）に熱中しました。一八四九（嘉永二）年から二年間、長崎に留学して本格的に蘭学を学び、江戸で安井息軒から漢学を、杉

田成卿《せいけい》からは蘭学を、江川太郎左衛門からは砲術を学びました。六三（文久三）年の薩英戦争時に長崎を再訪しますが、この時は病気中でした。

長州藩が御所を攻めた六四（元治元）年の「蛤《はまぐり》御門の変」では、御所を守る薩摩藩の大砲隊長を務めました。坂本龍馬の仲介で薩長同盟が成立した後、幕府による第二次長州征伐（一八六六＝慶応二年六月）が始まりますが、この時には、長崎の薩摩屋敷にいて長州藩の武器調達に尽力しています。撮影はこの時期と思われます。

アルベルトは六六年九月二三日の手紙で「今、日本は動乱の時代に差しかかりました。ひとまず情勢が落ち着くまでは、長崎から一歩も出ない方が利口でしょう」と書いています。中原は六八（慶応四）年、河井継之助が守る越後長岡城の戦いで鉄砲に撃たれ、三六歳で亡くなりました。生きていたら、西郷隆盛、大久保利通に次ぐ地位にあったという評価もあります。

●出島スタジオの二人

出島スタジオで撮られたアントニウス・ボードイン博士（左）とケンラード・ボルター・ハラタマ博士（次頁）。ボードイン・コレクションの一枚です。撮影者は弟のアルベルト・ボードイン領事と思われます。

ハラタマは、ユトレヒト陸軍軍医学校でアントニウスの同僚でした。一八六六（慶応二）年四月二八日、長崎の分析窮理所の教師として着任し、化学、物理学、薬物学、鉱物学、植物学などの自然科学を講義しました。分析窮理所は、ボードイン博士在任中、小島養生所・医学所（長崎大学病院・医学部の前身）から名前を変えた精得館《せいとくかん》の別棟として建てられました。ハラタマは精得館では調剤と病院監督に従事しました。

アルベルトは、ハラタマが到着した日の手紙で「彼の黒い帽子には腹を抱えて笑いました。日本全国どこを探しても、誰一人としてこんな代物をかぶっていませんよ」（『オランダ領事の幕末維新』フォス美弥子訳、新人物往来社）と冷やかしています。一方、ハラタマの手紙は、食事を世話してくれるボードイン兄弟の寛大さに対する感謝を

アントニウス・ボードイン博士（左）とK・W・ハラタマ博士（右）。
1866年出島スタジオで撮影

記しています。

前年一〇月にアルベルトは手紙で「トーン（アントニウス）は時々撮影しています。涼しい日にあらゆる風景の映像を撮り始めています」とボードイン博士による長崎の風景写真の撮影の様子を伝え、六六年六月にも写真を話題にしています。ほかの手紙によると、アルベルトは五月の中旬に横浜に去り、写真の二人も八月二五日には連れだって横浜や江戸に旅立つので、撮影時期は五月の初旬ではないかと思われます。

出島スタジオは、客との社交場だったようで、ここで撮影された写真が多く残されています。側面の壁や床、特徴的な椅子や象嵌《ぞうがん》の飾り台は、出島で撮影された写真のベンチマークとなるものです。

●オランダ商人妻子と乳母——開港期の生活を写す

出島のオランダ商人カール・J・テキストルの日本人妻「マサナギ・ナオ」母子と乳母のステレオ写真です。ナオが抱いているのは、テキストルとの間に一八五九（安政六）年に生まれた長女カロリーナ・マリアです。スイス人写真家ピエール・ロシエが出島内部で撮影し、ロンドンのネグレッティ・アンド・ザンブラ社から開国直後

オランダ商人カール・J・テキストルの妻子と乳母。
ステレオカード。1860年ごろピエール・ロシエが出島で撮影

の「日本の風景」の一枚として販売されたものです。シリーズには「出島の娘」と題されたナオの単身写真もあります。

テキストルは一八〇六年にドイツのボッケンハイムで生まれました。四三～四五年に出島商館で補佐官を務めた後、一時帰国。五七（安政四）年に再来日し、出島商館で二等補佐官として商館長ドンケル・クルチウスの秘書を務めました。ナオとは五八（安政五）年ごろに結婚したようです。五九年に退職し、同僚のポルスブルックと共にテキストル商会を設立しています。オランダの古写真研究家ヘルマン・ムースハルト編著の『日本における医師と商人』はテキストルの子どもたちとして、マリアと六一年に生まれたカール・ジュリウス・ジュニアの二人の写真を紹介しています。

五七年七月にバタビアから長崎にやって来たポルスブルックの日記には、出島の湾曲した海側の、弁務官の大きな家の並びにある六所帯用アパートに、テキストルらが住んでいたと書かれています。

開港期の日本人女性とオランダ商人との交流、出島の生活の一側面を描き出す写真として貴重です。

左：商館長宅でのクルース（右）とピストリウス（左）。右：クルースの妻子と乳母。共に1866年ごろ撮影

●出島商館長宅の副領事——妻子も避暑で長崎へ

左の写真は、テオドラス・クルース（右）とピーター・エデュアード・ピストリウス（左）です。アルベルト・ボードインが居住した旧出島商館長宅の裏玄関で撮られています。二人はボードイン・コレクションにたびたび登場します。右の写真は出島スタジオで撮影されたクルースの妻子と乳母です。

写真は共に一八六六（慶応二）年ごろ、アルベルトが撮影したようです。撮影場所が出島である事は、机や椅子、玄関の形からわかります。

長崎のオランダ領事を兼任していた商人アルベルトと同じく、ピストリウスはＮＨＭの代理人兼在大坂のオランダ副領事でした。

クルースは、アルベルトの友人です。一八六一（文久元）年二月に上海でクルース商会を設立し、ＮＨＭの代理店をしながら、在上海のオランダ副領事を兼務しました。アルベルトと提携し、五九（安政六）年以降、出島をたびたび訪問して日本と中国の貿易を仲介しました。六二（文久二）年には、高杉晋作らが上海に来港した際に乗った千歳丸《せんざい》の世

ロシアの海軍士官と長崎の〝娘〟たち。1865～66年ごろ上野彦馬のスタジオで撮影

話をしています。

アルベルトの日記の六三年二月七日付にはクルースがマカオで結婚した事を、六五年六月二六日付では女児が生まれた事を伝えています。翌年の九月、妻子は避暑のため長崎を訪問します。日記には、妻子とイタリア人の乳母が二ヵ月程アルベルト家に滞在し、「クルースの幼い娘は金髪で、とても明るくブルーの目をしていて、父親そっくりです」と書かれています。

ヨーロッパ人女性の初めての長崎来訪は、一八一七（文化一四）年にジャワから戦争を避けて訪れた商館長ブロンホフの夫人チチア・ベルフスマとされていますが、五九年の開港以後、ヨーロッパ人女性の長崎渡航も解禁されました。

●ロシア海軍士官と長崎の〝娘〟たち

上野彦馬のスタジオで撮影されたロシア海軍の士官と長崎の〝娘〟たちです。長崎大学附属図書館武藤文庫の「上野彦馬幕末アルバム」に収載されています。士官の肩に階級章を付けるのはロシア海軍に独特のものでした。

白い台の上や床、寝そべる男性の手にワイングラスや瓶が見えます。酒瓶を持ちながらのくつろいだ長崎入港記念です。肌の黒い士官もいますが、ロシア人ではないようです。中央の女性の顔はかき消されています。これは真ん中で写ると早死にするという迷信からでしょう。

台や棚、壁の形状から一八六五〜六六（慶応二）年ごろの撮影とわかります。士官の帽子に白いカバーが付いているから、季節は夏と思われます。「外国御用留」（長崎歴史文化博物館所蔵）によると、六五年の夏に入港しているロシアの軍艦はワリヤグ号とボガテル号、六六年の夏はイヅムルド号とアスコリト号です。

これらの海軍の艦長と士官は、淵町の庄屋、志賀和一郎の仲介で稲佐の漁師や百姓の家を「止宿所（宿舎）」としました。「ムスメ（娘）」と呼ばれた若い女性が給仕や召使として雇われ、「契約による妻」の場合もあったようです。

上陸して宿泊できるのは士官まで。水兵（マタロス）は日帰りでマタロス休息所を使い、夜は船で寝泊まりしました。休息所には丸山と寄合から遊女が出向いています。

松竹秀雄氏の『ながさき稲佐ロシア村』（長崎文献社）はこの稲佐のロシア村の歴史を紹介しています。

第二章　坂本龍馬と勝海舟、維新のうねり

龍馬、海舟と長崎

坂本龍馬が福井の賢侯松平春嶽の紹介状をたずさえて、江戸赤坂氷川町の勝海舟に入門したのは、一八六二（文久二）年一二月九日のことでした。海舟はすでに五七（安政四）年に長崎の海軍伝習所での修業を終え、六〇（万延元）年には遣米使節に随行して咸臨丸でアメリカに渡り、このとき幕府の軍艦奉行並の要職にありました。神戸の海軍操練所取締役教授となり龍馬と労苦を共にします。攘夷に走る長州の外国艦隊への攻撃を思いとどまらせるために海舟は長崎（領事館）行きを命じられるのですが、これに随行した六四（元治元）年二月が龍馬の初めての長崎訪問でした。このとき龍馬は大浦居留地の「異人館」を訪問し、本物の外国人に対面します。不穏の嫌疑で神戸の海軍操練所は解散させられますが、龍馬は勝が託した薩摩藩の支援をうけて、六五（慶応元）年一月、長崎で日本初の海軍兼商事会社となる亀山社中を結成します。

幕政改革を目指して京、大坂、下関、鹿児島を飛び回る龍馬は、一ヵ所に留まることが少なかったのですが、長崎は外国の香りが漂う第二の故郷でした。一八六六（慶応二）年一月二一日に薩長同盟を成立させた龍馬は、直後に伏見の寺田屋で襲撃さ

坂本龍馬：国立歴史民俗博物館所蔵

勝海舟（1877年ごろ）

れるのですが、機転を利かせて助けた楢崎龍を妻にし、長崎に戻ります。鹿児島の「新婚旅行」を終えて、比較的長く滞在した長崎の定宿は社中同志の小曾根《こぞね》家でした。長崎滞在中の仕事は、艦船や小銃を外国商人から購入することでした。

六六年一二月、土佐藩は後藤象二郎を長崎に派遣し、開成館貨殖局長崎出張所（いわゆる土佐商会）を設けます。翌年一月一三日、清風亭会談で龍馬と土佐藩を代表する象二郎の和解が成立し、亀山社中は土佐海軍の海援隊となります。

上野彦馬のもとで写真修業中の土佐藩士井上俊三が「天神下の下宿」からたたき起こして撮ったといわれるのが龍馬の写真（前頁）です。立像と坐像および社中の同志との集合写真として、三枚の写真に龍馬は同じ服装と髪のほつれで写されています。紀州藩と社中の船が衝突したいろは丸事件の処理で、足止めされた龍馬でしたが、六七年九月最終的に長崎を離れ、新政府の構想として「船中八策」を抱きながら土佐経由で京に向かい、六七年一一月一五日、京都市中の近江屋で刺客に襲われ即死。享年三〇歳の若さでした。

攘夷から倒幕へ

●亀山社中

次頁左上の写真は坂本龍馬が創設した日本初の商社（カンパニー）とされる亀山社中だった建物です。これまで社中の昔の写真は無いと思われていたのですが、二〇〇九（平成二一）年一二月一一日の朝日新聞の紙面で初めて公開しました。一八七五（明治八）年に撮影された長崎奉行所立山役所の写真に偶然写し込まれていたものです。ぼやけているのは小さな部分を拡大したためです。

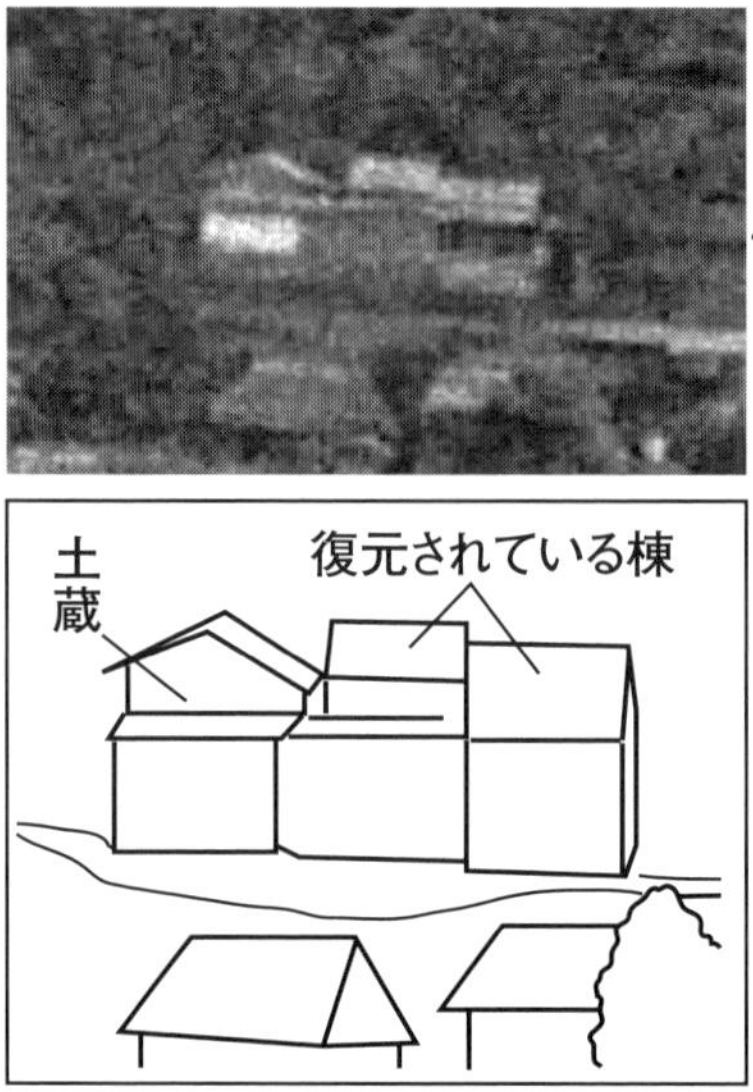

亀山社中の建物。
1875年撮影の写真に写り込んでいた

建物は元々、亀山焼の関連施設として安政年間（一八五四～六〇）に新築されました。亀山焼は一八〇七（文化四）年ごろ、伊良林《いらばやし》で焼かれた磁器で、最初はオランダ船に使う水《みず》甕《がめ》を焼いていましたが、のちに中国産の青色顔料の呉須《ごす》で絵付けをした染め付けを完成させ、田能村竹田《たのむらちくでん》や木下逸雲《いつうん》が絵付けした作品も知られています。

社中が結成された一八六五（慶応元）年の夏ごろに廃窯となり、空き家になったため、龍馬の世話をしていた長崎の豪商の四男で、社中の同志でもあった小曾根英四郎の斡旋で貸し出されました。家主は、銀屋町で質商と酒造業を営んでいた高田文平と言われています。

三棟からなり、左側は独立した土蔵で、宿舎に使われていたようです。右は二棟続きで、社中の同志が事務所に使った六畳と土間付き三畳、縁側付きの一〇畳、廊下を挟んで四畳半の間と台所、便所、納戸。二階の隠し部屋が復元され、亀山社中記念館として二〇〇九（平成二一）年八月から公開されています。当時の正門は左側で、蔵の方から出入りしていました。裏には井戸もありました。社中からは奉行所（中央の白い建物）がよく見えたはずです。

神戸の海軍操練所が倒幕の嫌疑で閉鎖されたため、龍馬と

伊良林の高台から見た新大工、片淵、中川一帯の街並み。1866年ごろ撮影

行動を共にした長岡謙吉、近藤長次郎、陸奥陽之助、沢村惣之丞ら若者たち二〇余人がこれを引き継ぐべく、亀山社中が結成されました。薩摩藩の援助で軍艦や武器を商い、明治維新の原動力となりました。龍馬はブーツを履き、社中の同志は白袴《しろばかま》の制服で市中を歩き、奉行所にとっては煙たい存在だったようです。一八六七（慶応三）年四月に海援隊に引き継がれました。

●伊良林の高台から見た街

坂本龍馬が長崎に滞在していた一八六六（慶応二）年ごろの新大工、片淵方面（左）と中川、蛍茶屋方面（右）です。亀山社中があった伊良林の高台から、若宮稲荷神社の鳥居越しに撮影されています。ボードイン・コレクション中の二枚で、撮影者はベアトかボードインと思われますが、正確には不明です。

左の写真の中央左側に、背の高い白い土蔵があります。中島と呼ばれた一帯で、その手前の、四角く塀で囲まれた屋敷が、上野彦馬の撮影局です。この建物群のなかで、父俊之丞が一八四三（天保一四）年から、亡くなる五一（嘉永四）年まで、火薬の原料となる硝石の御用精錬所を経営していました。

彦馬は蘭化学者として津の藤堂藩に仕えた後、一八六二（文久二）年に長崎に帰郷し、秋にはここを改築して上野撮影局を開業します。詳細に見ると左端には玄関が見え、スタジオに使われたと思われる建物も確認できます。土佐から写真修業に来ていた井上俊三は、この屋敷内に寄宿し、龍馬の写真をここで撮影しました。

背後の片淵（現・長崎大学経済学部付近）にはまだ建物が見えません。左上の山の麓の茂みは松森神社の境内で、その下には料亭千秋亭吉田屋（現・富貴楼）の建物が見えます。

右の写真は、同じ場所でカメラを右に振っています。左上には高台に春徳寺が写り、中央の桜馬場の谷底には蛍茶屋に抜ける長崎街道を確認できます。古来、長崎を歩いて訪問する旅人は日見峠を下って蛍茶屋で一服し、新大工町を通って長崎の街に入りました。

●海援隊士、小曾根英四郎

一八七四（明治七）年ごろ撮影された浪の平町と小曾根町（旧下り松）です。出島を築いた二五人の商人の一人、平戸道喜の子孫で篆刻家《てんこくか》小曾根乾堂と、その父六左衛門は、長崎が開港した一八五九（安政六）年、福井藩の松平春嶽の助力を得てここを埋め立て、外国人に提供しました。

右のクレーンが見える所は、英国人ミッチェルと米国人フィッツジェラルドが造船を始めた場所で、今でもその歴史が続いています。その奥は小曾根町の現・長崎税務署付近で、乾堂の自宅がありました。乾堂の弟英四郎は、坂本龍馬の同志でのちに海援隊士になります。英四郎は、倒幕に奔走する龍馬から、鹿児島への新婚旅行の帰路、妻のお龍を八ヵ月間預かりました。

亀山社中や海援隊の事務所が置かれた英四郎の自宅は本博多町（現・万才町の長崎地方法務局付近）にあり、龍馬もたびたびここに寄宿します。お龍が滞在して月琴を習ったのは乾堂の家だったのではないかと言われています。

奥の洋館には造船のテイラー商会、建設業のサットンなどが入居していました。「下り松」は造船と建設の下町でした。

明治初期の浪の平町と小曾根町。右は居留地の南山手。1874年ごろ撮影

手前の浪の平町に建つのは、一八六一（文久元）～六四（元治元）年に大浦が埋め立てられた時に移住させられた漁民の家です。さらに町外れの古町には、英国人デヴィスや米国人レーキらが始めた屠牛場がありました。八一（明治一四）年以降は「ケロシン」と呼ばれた灯油の貯蔵場に変わりましたが、外国人はここを「浪の平の肉屋」と呼びました。

写真右には、曲線を描いた道路が見えます。居留地の南の外れで、一八八七（明治二〇）年には、元々、乾堂が開設した尋常鎮鼎《ちんてい》小学校（後の浪の平小学校、現・南公民館）が新築移転されます。

●高麗橋付近

一八六四（元治元）年の春、ベアトは中島川が左右に分かれる二股付近から、右に折れる銭屋川に架かる高麗橋と河畔の八幡町を撮影しました。少しさかのぼると左側が上野彦馬撮影局です。水が豊かで木々に囲まれた町の雰囲気が伝

中島川から分かれた銭屋川。右は八幡町、左奥は高麗橋。1864年ベアト撮影

わります。背後の山は彦山（右）と豊前坊（左）です。

白い土蔵は八幡町の乙名《おとな》（町内長）で、鉄翁、三浦梧門と共に長崎の三筆と称せられた木下逸雲の屋敷です。隠居後は、町内に住んだ画家石崎融思に写実風画法を習い、さらに清人江稼圃《こうかほ》に南宋画を学び、和歌や茶道、管弦などにも通じた長崎を代表する文化人でした。一八六六（慶応二）年江戸からの帰路、船が遭難して亡くなりました。撮影はその二年前です。

逸雲は彦馬の父俊之丞の親友として、一四歳で父を亡くした彦馬を後見しました。彦馬が一六歳の一八五三（嘉永六）年に大分・日田の咸宜《かんぎ》園《えん》に入門する時の保証人になっています。医者として種痘のため、日田にたびたび足を運び、広瀬淡窓《たんそう》と旧知の間柄でした。

高麗橋は、伊勢宮神社と八幡町の間に一六五二（承応元）年に架設された唐風石橋です。江戸時代に三度の大水害に耐えましたが、一九八二（昭和五七）年の長崎大水害で破損し、災害復旧の河川改修工事で解体されてコンクリート橋に替わりました。解体された高麗橋は、一九九三（平成五）年から西山高部水源地の堤防下で復元されています。

撮影の翌春、亀山社中が結成され、写真の右方向の伊良林に事務所を構えます。これも坂本龍馬が見た長崎の風景です。

●眼鏡橋

ベアトが一八六五（慶応元）年ごろに撮影した中島川に架かる眼鏡橋です。坂本龍馬が長崎に滞在していた頃の風景で、右奥は亀山社中の方角です。

ベアトは大きなカメラを使っていたようで、この鶏卵紙（当時の印画紙）の大きさは一六三×二〇五ミリであり、今のキャビネより少し大きいサイズです。この大きさの種板ガラス（今のフィルム）を入れて撮影していた事を考えると、カメラの大きさも今でいう8×10インチ（通称エイトバイテン）に匹敵するような大型カメラを使っていたことになります。

橋は一六三四（寛永一一）年、当時の町名で酒屋町と磨屋《とぎや》町の間に興福寺の第二代目住持である唐僧黙《もく》

1865年ごろベアトが撮った眼鏡橋。日本初の唐風石橋とされる

子如定《すにょじょう》により架けられました。我が国最初の唐風石橋とされ、江戸の日本橋、岩国の錦帯橋と共に日本三大橋の一つに数えられる事もあります。現在は国の重要文化財に指定されています。

長さは二三・二メートル、横幅は四・七メートルで、水面から橋の最頂部までの高さは五・四六メートルあり、中央の束柱に支えられた二連のアーチ石橋です。アーチ橋と水面に映る橋とが合わさった眼鏡のように見えるため、この名前が付きました。

江戸時代初め、各通りが川にぶつかる場所に石橋が次々と架設されました。記録によれば、眼鏡橋は一六四七（正保四）年の洪水で一度崩壊し、翌年に平戸の僧好夢が修築したと伝えられています。最初は木橋で、石橋はこの時オランダの技術で造られたという説もあります。中島川はその後たびたび洪水を起こすのですが、破損しても橋は崩落する事はありませんでした。

一九八二（昭和五七）年の長崎大水害でアーチ部分の上流を流されましたが、すぐに復元され、今も昔の姿で中島川にたたずんでいます。河原の三艘の伝馬船は、沖からここまで水深があったことを伝えています。

●維新のうねりを作り出した三角地帯

坂本龍馬が長崎に長期滞在した一八六六（慶応二）年、ベアトは立山と風頭《かざがしら》の二ヵ所から長崎市街を撮影しています（立山からの写真は61頁）。精査により、風頭からの写真には、龍馬が訪れた薩摩屋敷をはじめ、五島、久留米、対馬各藩の蔵屋敷が写っていることが判明しました。ここでは、その一帯をクローズアップしてみましょう。

目印になるのは木（おそらく楠）です。左の茂みの建物群は薩摩屋敷（現・レンガパーク銅座付近）です。中央は五島藩（現・パチンコ店ユーコーラッキー浜町店付近）、右は久留米藩（現・長崎銅座町郵便局付近）の各蔵屋敷です。中島川の河口と出島に挟まれた地先は対馬藩屋敷（現・十八銀行本店）と俵物役所でした。諸藩の蔵屋敷に大木が茂っているのは、屋敷が設けられた江戸初期に植えたものが二〇〇年たった幕末に屋敷のなかで大きく育ったた

1866年、ベアトが風頭から撮った中島川河口のクローズアップ。各藩の蔵屋敷が並ぶ

めです。

一六四〇年代に長崎警備に関わり、幕末には藩貿易を強化していた諸藩の蔵屋敷は、邸内に大きな本屋敷とたくさんの蔵を構えていた事がわかります。

薩摩藩は長崎の蔵屋敷を使って、琉球と唐蘭との三角貿易で富を蓄え、攘夷に備えてグラバーから軍艦を購入しました。

一八六五（慶応元）年、龍馬は同志と共に亀山社中を創設。薩摩藩家老小松帯刀《たてわき》は、これを支援しました。同じ頃、社中の土佐浪士上杉宗次郎（近藤長次郎）は、この屋敷で長州藩の伊藤俊輔（博文）と井上聞多（馨）を帯刀に紹介し、帯刀の斡旋により長州はミニエー銃四三〇〇丁、ゲベール銃三〇〇〇丁を入手できました。これらは薩摩の蝴蝶丸でミニエー銃は三田尻に、ゲベール銃は小郡に運ばれ、攘夷から倒幕に向かう長州藩の強力な軍備となります。

出島と新地に挟まれた中島川河口の三角地帯は、幕末維新のうねりを作りだした転換ゾーンといえるかもしれません。

龍馬が見た長崎の海と街

●飽の浦の春

ベアトは長崎をたびたび訪問しました。次頁の写真は比較的早い時期、一八六四（元治元）年春の訪問時に撮影されたものです。商業用に売られた大型アル

1864年ベアト撮影の飽の浦の谷。江戸時代の長崎郊外を写した写真は珍しい

バムをばらした一枚で、鉛筆で「谷間の景色」（英語）と書き込まれています。飽《あく》の浦の谷間（現・長崎市入船町付近）で、江戸時代の長崎郊外を写した珍しい写真です。

ベアトは日本人の案内で対岸の稲佐に渡り、一八五七（安政四）年に開設された長崎鎔鉄所（撮影当時は長崎製鉄所、現・三菱重工業長崎造船所）を撮影し、ついでにこの谷間に足を延ばしたようです。坂本龍馬が外国艦隊の下関攻撃を思いとどまらせるために派遣された勝海舟に付き従って、神戸から九州を横断して初めて長崎を訪問した時期に重なります。長崎湾の入り江にそそぐ大日川の上流で、渇水期の小川は水ぬるみ、春先だとすれば時期も合います。畑にはまだ作物も見えず、山腹に植わっているのはお茶のようです。この時期、大浦慶がオルト商会を通じて外国に輸出した長崎の特産品でした。

素朴な石橋の傍らで、丁髷《ちょんまげ》を結った、素足やパッチを着けた男たちが川を覗き込んでいます。左下隅の下の男は魚を取っているのでしょうか。

木桶は水溜《みずた》めのようですが、草が詰まっています。右の男性は飲料用と思われる水桶を天秤棒《てんびんぼう》にぶら下げてカメラを振り返り、橋の上の女児は撮影者のベアトを不思議なまなざしで見つめています。

谷間の左奥の藁葺《わらぶ》きの民家には、拡大して見ると、女性らしき人物が偶然写し出されています。背後の右の尾根は稲佐山につながります。

ベアトの周到な意匠と指図による構図、瞬間の動作、さらに色調など、こだわりが伝わってくる作品です。

●飽の浦の外国人宿舎

ベアトは一八六四（元治元）年春、稲佐を訪問した時、この写真も撮影しました。鉛筆で「日本の家」と書き込まれたこの民家（現・三菱重工業長崎造船所病院付近＝長崎市飽の浦町）は、この訪問の際には、長崎製鉄所のオランダ人「止宿所」（宿泊所）として提供されていました。

幕府は本格的に洋式軍艦を導入したため、修理や蒸気機関の製造が必要となり、お雇い外国人としてオランダ海軍機関将校ヘンドリック・ハルデスを招き、通詞の本木昌造を製鉄所頭取に任命し、一八五

飽の浦にあった長崎製鉄所の外国人宿舎。オランダ人技師が寄宿した。
1864年ベアト撮影

七（安政四）年に飽の浦で長崎鎔鉄所（すぐに長崎製鉄所、現・三菱重工業長崎造船所）の建設に着工しました。

ハルデスは日本人に煉瓦《れんが》の焼成を指導し、オランダから建設資材を運び、一八六一（文久元）年に本格的な洋式工場を完成させます。我が国最初の煉瓦造りの鋳物場、鍛冶場、轆轤《ろくろ》盤細工所といった工場が建ち、中に工作機械や蒸気ハンマーなどが据え付けられました。

この写真では二階から外国人が顔を出していますが、ハルデスの後任として飽の浦に滞在していた造船技師のカール・レーマンか造営師のシャルル・レミではないかと思われます。

拡大すると、部屋の窓際に座っている日本人女性が見えます。外国人の止宿所では、買い出し、水くみ、炊事、洗濯などをする召使や給仕人、下女と呼ばれた奉公人が雇われていました。

左は随分とモダンな白壁の建物ですが、この家の土蔵で窓は鉄製です。海岸の船は、大船の出迎えや港の警備に当たった「御番船」と思われます。船の艫《とも》に立つ男性と塀のそばの女性は、家主夫婦でしょうか。

●幕末長崎の街と港

福済寺裏山の立山中腹から、ベアトが撮影した幕末長崎の街と港です。背後の海岸には大浦の外国人居留地も見えます。キャプションでは「イギリスの居留地」と説明されています。

写真（鶏卵紙）は一五三×二一一ミリです。当時はガラス原板から印画紙である鶏卵紙に密着焼きしたため、種板ガラスと鶏卵紙の大きさは同じでした。レンズの透過性も高く、写真機の性能は今の大型カメラ（8×10インチ）に匹敵するものでしたので、被写体の解像度は高く、幕末長崎の街並みが見事に写し出されています。

一八六六（慶応二）年二月というベアトの書き込みもあります。撮影時期が明確なため、幕末長崎の街並みのベンチマーク（基準点）となる写真です。

このころ坂本龍馬は、京都で薩摩と長州の仲直りを取り持ち、一月二一日に薩長同盟が成立しています。直後

立山中腹から見た長崎の街と港。1866年ベアト撮影

には、伏見の寺田屋で、伏見奉行所の配下に襲撃されて両手に傷を負い、その時に機転を利かせて龍馬の命を救ったのが、妻となる楢崎龍でした。二人は連れだって四月二二日に長崎を訪問します。従って、この写真は龍馬とお龍が目にした長崎の景色ということになります。

各藩の蔵屋敷が沿岸に並び、左側の中央部分には、長崎奉行所西役所と出島が、その背後には大浦居留地の家並みや大浦天主堂が見えます。

次はこの写真の部分を拡大し、幕末長崎の街の中に入り込んでみましょう。

●五島町一帯の蔵屋敷

上の長崎鳥瞰写真の五島町一帯を拡大してみました（次頁）。右下の大きな屋根は、長崎港外北側の沿岸警備を担当した大村藩の蔵屋敷（現・中町教会の場所）で、一八五七（安政四）年に樺島町からこの恵美須町に移転しています。その右上の三角屋根の玄関が付いた建物は、島原藩の蔵屋敷（現・中央郵便局の場所）です。いずれも塀と長屋に囲まれた大きな屋

五島町一帯に立ち並ぶ蔵屋敷。前掲、ベアトの写真を拡大

敷だったことがわかります。

海岸を進むと、木の右側の白っぽい建物群は柳川藩。さらに進んで、長屋と海岸に挟まれた大きな建物群は福岡藩の蔵屋敷です。福岡藩は江戸時代「港口の千人番所」と呼ばれた西泊番所に海岸警備のため戸町番所の佐賀藩（台場を持つ蔵屋敷は現・長崎駅付近）と共に多くの藩兵を出していたため、蔵屋敷も壮大です。大村、福岡、島原、柳川各藩の長崎蔵屋敷の姿が写真によって明らかになりました。

一六四七（正保四）年のポルトガル船再来港をきっかけに、幕府は佐賀、福岡両藩では警備が不十分と考え、西南の有力な諸藩に蔵屋敷の設置を求め、情報収集と貿易に従事する「聞役」と呼ばれた藩の重役を常駐させました。聞役は組合を作って内外情報を交換しています。

年中在住の「常詰《じょうづめ》」は佐賀、福岡、対馬、熊本、小倉、平戸の六藩、貿易繁忙期の五ヵ月在住である「夏詰」は薩摩、長州、久留米、柳川、島原、唐津、大村、五島の八藩、計一四藩が公式に蔵屋敷を設置していました。鹿島、富江、福山などの支藩や小藩も蔵屋敷を置きましたが、御用商人の居宅などを使っていました。土佐商会と呼ばれ一八六六（慶応二）年に開設された「開成館貨殖局長崎出張所」は、大川（中島川）河畔の土佐屋の二階でした。

●長崎奉行所西役所付近

これも一八六六年ベアトの長崎鳥瞰写真（61頁）から、坂本龍馬が歩き回った幕末の長崎奉行所西役所付近を拡大してみました。

幕末の長崎奉行所西役所一帯。風格ある町年寄屋敷が立ち並ぶ。大浦天主堂やグラバー邸も遠望できる

古くから「森崎」と呼ばれた名残である中央の三本の松の木の下には、奉行所の屋根が浮かび上がっています。一八五五（安政二）～五九（安政六）年には奉行所内に海軍伝習所が置かれ、勝海舟らが修業しています。長い屋根は表門長屋で中心のやや左側に、特別の時以外は開かない正門があり、その脇に門番所が置かれていました。

松の木のすぐ右、白壁に窓のある建物は大波止《おおはと》の海に対面し、石垣上長屋と呼ばれた住居です。周りの長屋には、長崎奉行が江戸から連れてきた二〇～三〇人の武士たちが住んでいました。西奉行所は一八七三（明治六）年頃取り壊されます。

松の木の左手前の大きな建物群は、町年寄久松の屋敷です。一五八七（天正一五）年、豊臣秀吉によって教会領から公領とされた長崎では、地役人として髙木、高島、後藤、町田の四人の「長崎頭人」が任命されました。頭人は西役所が建つ丘一帯の内町《うちまち》を、代官はその周囲の外町《そとまち》を統治しました。

頭人は一五九二（文禄元）年に町年寄と改称されます。一六九九

（元禄一二）年に内町と外町の区別が廃止され、外町にあった久松、福田両家が町年寄に加えられます。一八二二（文政五）年以降、高木、後藤、薬師寺の各家と高島、福田、久松の各二家の計九人態勢となりました。町年寄は年番で町の行政に従事し、身分は世襲でした。写真の久松家は地役人なのですが、窓付き白壁の蔵屋敷を有し、大名の蔵屋敷と同じような風格がうかがえます。

奉行所のすぐ奥にある白い建物群は、一八五九年の安政の大火事以後、洋風に姿を変えた出島の倉庫兼住宅群です。さらに奥が、坂本龍馬が訪れた「異人屋敷」、つまり大浦外国人居留地です。建って間もない大浦天主堂とグラバー邸も遠望できます。

第三章　長崎外国人居留地

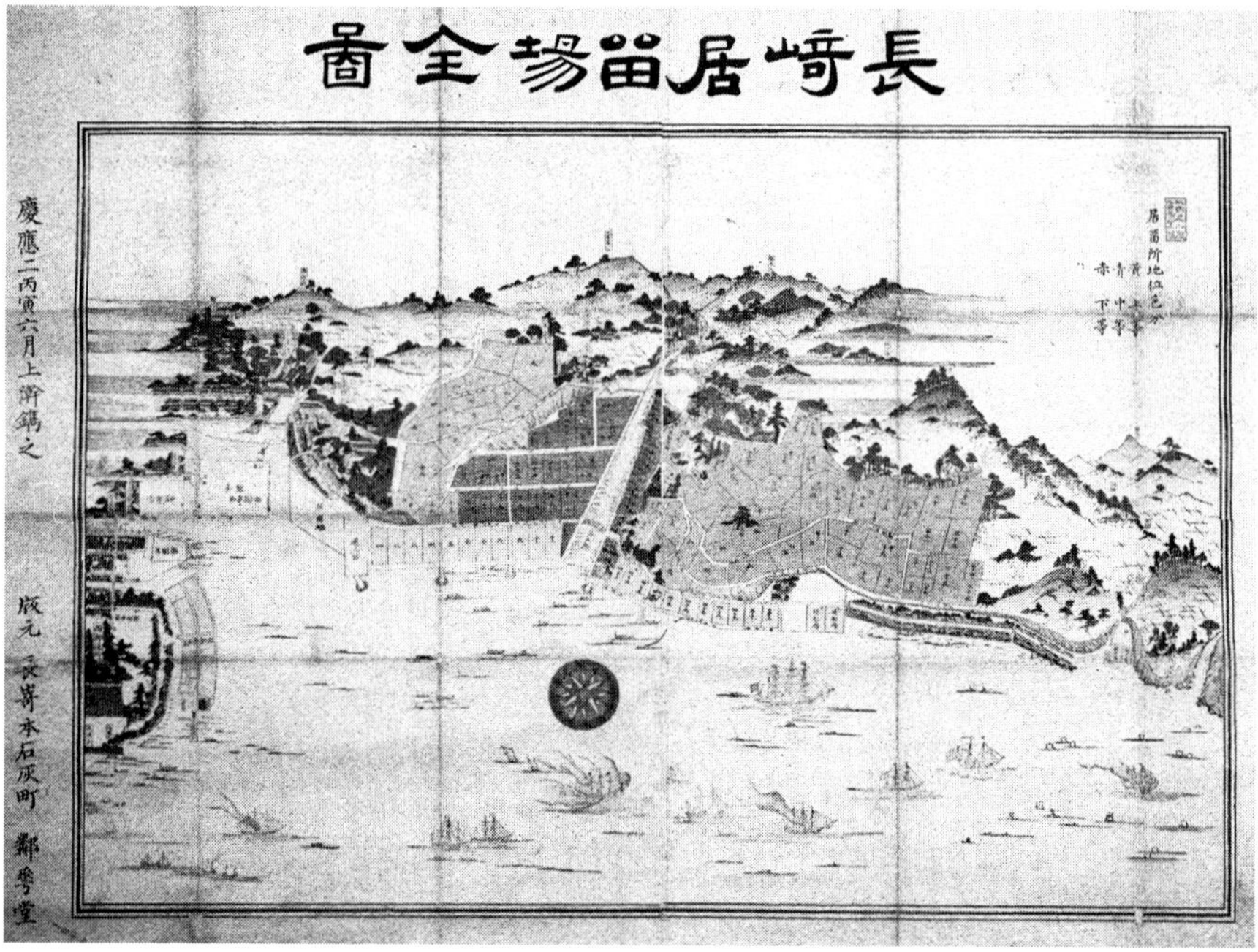

「長崎居留場全図」（1866年、本石灰町鄰華堂）

居留地の創設と変遷

一八五八（安政五）年に締結された五ヵ国（英、米、仏、露、蘭）との修好通商条約に基づき、翌年長崎、横浜（神奈川）、函館（箱館）の三港が開港されました。オランダ人と中国人以外の外国人に宿所が必要となります。幕府と長崎奉行は外国人が居住できる居留地を計画します。

幕府側はオランダ人と中国人を隔離した先例に倣い、隔離しやすい稲佐を候補地としましたが、反対にあい、大村領大浦（当時、雄浦）に候補地を変更します。当初は大浦川を変流させて川の南部に隔離する案でしたが、外国側の主張により、川を直線に伸ばして左右を埋め立て、両岸に居留地を建設することになりました。

居留地の造成は現在の海岸の宅地開発と同じで、山を削り海を埋め立てて平地を造成するものでした。重機のない時代でしたから人夫を動員した力仕事です。造成を請け負ったのは天草で新田開発や干拓の経験がある赤崎村の庄屋北野織部でした。

グラバー邸を建てる御領の棟梁で庄屋の小山秀之進の弟です。織部は天草から労働力を動員し、天草石を運び、一八六〇（安政七）年一月に第一次造成で大浦居留地を完成させています。

第二次の下り松埋め立て造成は一八六二（文久二）年、第三次の大浦五間の海への築足《つきた》しと梅香崎地先埋め立ての造成は、六四（元治元）年に完成します。土地は海岸・内陸・丘上で三等級に分けて外国人に貸し出されました。六六（慶応二）年に出島が居留地に編入され、六九（明治二）年には出島、新大橋、梅香崎の三橋が架かり、海岸線が遊歩道で結ばれます。

居留地には和風の瓦屋根で回廊、開き窓付きの擬洋館（異人館）が立ち並びます。バンドと呼ばれた海岸通りは英米の商社や銀行が並ぶ一等地、大浦川沿いはホテルやレストランで賑わうダウンタウンでした。

大浦界隈は多国籍の外国人が居住する異域そのものでしたが、居留地は不平等条約が改正される一八九九（明治三二）年に廃止されます。

初期の居留地

●出島から望む大浦居留地

次頁の写真は、一八六一（文久元）年五月ごろ、香港からやって来た写真家ミルトン・ミラーが、出島のオランダ領事館（旧出島カピタン部屋）前の日本庭園から撮影した大浦外国人居留地です。長崎の居留地を撮影した初期の写真で、サイズは名刺大です。

左の領事館の大きな窓がガラス張りなのは、海を見通すためです。この建物は二〇〇六（平成一八）年に復元されたので、出島の史跡を訪ねて撮影位置を確認できます。白と黒の柱はオランダ国旗の旗竿《はたざお》です。

1861年、ミルトン・ミラー撮影の出島から見た大浦居留地。

背後に写る居留地に目を向けてみると、一八六〇（万延元）年一〇月に終わった第一次埋め立て直後の様子がわかります。右の南山手には江戸時代からある妙行寺《みょうぎょうじ》（イギリス領事館）の三角屋根が見えますが、六三（文久三）年に建つグラバー邸や六五（元治二）年二月に建つ大浦天主堂はまだ見えません。

大浦バンドと呼ばれた海岸線の建物のうち、左端に見える窓付きの大きな白い建物は、輸出入品の監督や関税を扱った運上所（後の税関）。中央の大きな屋根の洋館は、建ったばかりの大浦7番館で、ウィリアム・オルト商会が入居していました。

イギリス人ケニス・マッケンジーが支配人であったジャーディン・マセソン商会（2番）やアメリカのウォルシュ商会（3番）、イギリスのジョン・メイヤー（5番）なども土地を所有していましたが、洋館はまだ建っていません。トーマス・グラバーがバンドの一等地となる5番に入居するのは一八六三年の四月一〇日のことです。

米国バーモント州出身のミルトン・ミラーは、一八六〇年七月に香港へ渡って写真館を引き継ぎ、広東に進出しました。写真を撮影した時は、長崎を旅行中でした。長崎を撮影したミラーのステレオ写真は、米国の出版社アンソニーから「中国と日本」というシリーズで販売されました。

●文久年間に米国の旗

幕末の開港から三年たった一八六二（文久二）年、撮影者不詳の大浦居留地の写真から、東山手の中核部分を拡大してみました。浪の平の第二次埋め立てが終わったばかりの様子から、撮影年がわかります。

右端の東山手11番の白い建物は、この年建ったばかりのわが国最古のプロテスタント教会である英国聖公会教会です。左上の二つの大きな洋館のうち、左側はプロテスタントの宣教師で米国人チャニング・ムーア・ウィリアムズの住む東山手5番館。所有は一八六七（慶応三）年にポルトガル人のアントニオ・ロウレイロに移り、借家人は英国聖公会宣教協会の牧師ジョージ・エンソーからヘンダーソン・バーンサイドに代わります。

東山手のミッショナリ地帯。1862年撮影

1861 ～ 64年の大浦居留地全景

右隣の6番館は、英国人ハーバート・モンターギュ・ライトが地主兼家主で、一八六一（文久元）年に入居したイギリス人

ジョン・ヒューズがこの時の借家人でした。

6番館も次々に借家人が変わります。一八七〇（明治三）年にはベルギー領事館になり、八一年にはメソジスト監督教会のジョン・デビソン牧師とキャロル・ロングがカブリー英和学校（後の鎮西学院）を開きます。この建物は一九〇四（明治三七）年に火事で焼け落ちます。一九一〇年に再建された校舎も一一年の火事で、さらに二四（大正一三）年に再建された校舎も二六年の火事で焼失します。

中央左の石垣の上に、建物がたくさんあるのは東山手12番です。この一帯はウォルシュ商会の所有地でした。商会関係の五棟の住宅が確認できます。代表のジョン・ウォルシュは一八六一～六五年まで米国領事に任命されたため、中央に立つ旗竿には米国旗が見えます。

●一八六五年の大浦バンド、大商会の洋館ずらり

外国人居留地の一等地、大浦バンド（現・大浦海岸通り）の一八六五（慶応元）年ごろの姿です。ボードイン博士か弟のアルベルトが、自身の住む出島から撮影しました。外国の大商会の新築洋館が立ち並び、諸藩の役人や商人、亀山社中などを相手に船舶や武器、茶の売買が行われていました。

出島から見た大浦バンド。1865年ごろボードイン撮影

一八六五（元治二）年二月に竣工したばかりの大浦天主堂が右端に見え、和洋折衷の洋館が立て込んできています。坂本龍馬が長崎に滞在したころの写真です。

海岸の中央から左に寄った角地に建つ大きな建物は、関税を取る運上所。その右隣の窓がたくさんある1番館には、デント商会に代わって一八六五（慶応元）年八月からイギリス人ジョージ・ルイスが入居していました。バンドには、その右から順に2～11番館までの建物が並んでいます。

2番館は、イギリスのジャーディン・マセソン商会を一八六三（文久三）年にケニス・マッケンジー（フランス領事兼任）から引き継いだトーマス・グラバーの事務所。グラバー商会は、同年四月にイギリス人商人ウィリアム・オルトから5番館（四角いビルのような建物）を買い取り、拡張していました。

3番館では、アメリカ領事を兼ねたジョン・ウォルシュ商会が一八六〇（万延元）年から営業中です。4番館の入居者はこの時、オランダ人商人のウィリアム・ファン・デル・タクでした。

6番館で営業していたのは、一八六二（文久二）年八月にフレーザー商会を引き継いだアメリカのジョン・モルトビー商会。右の白い煙突が二本立つ大きな屋根は、7番館のオルト商会。オルトは5番館をグラバーに売却した後、8番館をさらに買い増しています。

●松江の訪問団、西洋文化に「アキレハテ」

二〇〇九（平成二一）年五月二一日付け朝日新聞「長崎今昔」で「コウモリ傘とサムライたち」として紹介した一枚です（次頁）。長崎大学附属図書館武藤文庫の「上野彦馬幕末アルバム」に収載されています。『龍馬が見た長崎』（朝日選書）に掲載したところ、島根県古代文化センターの岡宏三専門研究員から、松江市の藤間家に同じ写真が残されているという情報を戴きました。写されているのは松江の人であり、その足跡は藤間家の『萬覚留　長崎行日記』と『萬日記留』の二冊に記載されているということです。

松江からの訪問団。1867年8月（新暦）、上野彦馬のスタジオで撮影

日記によれば、大社（現・出雲市大社町）の廻船問屋、藤間穂左衛門は、漂流した琉球人三人を長崎に送り届けるために、一八六七（慶応三）年六月二七日（新暦七月二日）、第二八雲丸《やくもまる》に武士と商人を乗せて三保関を出港し、七月七日（同八月六日）の朝、三五、六隻の蒸気船が停泊する長崎港に到着しました。

長崎ではオルト商会など、ガラスをふんだんに使った「異人館」を訪問して大砲や船舶の購入交渉に当たり、オルトが夫人と手をつないで現れたことなど、あらゆることに「アキレハテ」ています。また対岸の造船所や、異人船、医学養生所を見学し、一一日には、薩摩藩蔵屋敷に漂流民を無事引き渡しました。一二日には大浦お慶と会っています。お慶のことを「口が達者だった」と書いています。

一行は「ランフキ」（蒸留酒）やオルゴールといった西洋の酒や珍器に驚き、一五日（新暦八月一四日）には「仏送り」（精霊流し）を見物しました。一七日には一〇人が連れだって上野彦馬停車園（撮影局）を訪れて記念撮影をしています。

この情報と写真を付き合わせてみると、前列は松江藩の岩佐父子と上級武士たち、後列は商人の藤間父子と従者と思われる六と熊、それに下級の武士のようです。藤間勇蔵は商人の息子ですが、帯刀を許されていた事がわかります。この訪問団は松江の近代化の先駆けでした。

●下り松は外国人の「下町」

明治初期の大浦川河畔です。一八七一（明治四）年九月一六日、横浜で発行された英字新聞『ザ・ファー・イースト』に「長崎にて」というキャプションで掲載されました。

奥に見える反橋《そりはし》は一八六五（慶応元）年に建設された弁天橋。居留地の大浦と下り松（現・松が枝町）をつなぎました。一八七〇（明治三）年に海岸通りの仕上げとして河口に設けられた下り松橋が、奥に重なって見えます。左岸の茂みは「下り松」の地名の由来となった松林です。

人々が歩く右側の道の奥には、居留地を象徴する街灯（石油ランプ）が見えます。川幅は広く、沖の大型船から荷物を運ぶ「サンパン」と呼ばれた和船が係留されています。

左岸の擬洋館は外国人相手の居酒屋や雑貨屋、ホテルなどです。

1871年の大浦川河畔。左岸が下り松、右岸が大浦。『ザ・ファー・イースト』9月16日号

大浦川中流域と大浦居留地の後部。1874年ごろ南山手から撮影

一番手前は下り松37番で、看板には英語でオーシャン・タバーンと書かれています。この居酒屋の所有者はポルトガル人のヘンリクエッタ・ピール。以前はエクスプレス・タバーンと名乗っていました。その右隣の38番は雑貨屋兼肉屋のスミス・アンド・ブリーン商店。39番の空き地を挟んで40番甲は靴屋のエー・セダーギブスト商会です。

下り松付近は外国人居留地の下町として外国人バー、食堂、安価な国際ホテル、外国人向けの雑貨を売る商店が並び、一九〇〇(明治三三)年ごろまで居留地内の国際的な庶民の交流の場としてにぎわいました。

●大浦川流域の建物群

写真説明文には「下り松　長崎」とあります。一八七四(明治七)年ごろ、南山手26番付近から撮影された大浦居留地の後部です。撮影時期と写真の質から、撮影者は上野彦馬とも思われますが、外国人の可能性も捨て切れません。背後の丘に見える建物は建て替わった後の東山手12番館です。

画面を横切る大浦川の手前側は下り松（現・松が枝町）で、建物は右端から37、37A、38番です。37番の建物は一八六六（慶応二）～七二（明治五）年、居酒屋エクスプレス・タバーンでしたが、七三（明治六）年に日本政府に返還されます。中央にある37番Aの白壁の小さな家には米国人のモーリス・フィッツジェラルドが住み、その左隣の38番の大きな家は、英国人トーマス・ベザーが経営する居酒屋ロンドン・タバーンでした。

対岸に目を向けると、中央右の大きな通りの角から左に向けて順に大浦15～12番と並んでいます。15番は一八六一（文久元）年からペニンシュラ・オリエンタル汽船会社代表のケネス・マッケンジーが住み、その後七〇（明治三）年までグラバーの倉庫でしたが、この時は空き家でした。

14番は一八七四（明治七）年一〇月、水先案内人のジョン・スミスの妻ハンナ・スミスがコマーシャル・ホテルを開業しています。13番はこのころ、オーストラリア人ウィルトン・ハック牧師が住んでいました。七七（明治一〇）年には英字新聞「ライジングサン・アンド・ナガサキエクスプレス」の事務所となります。12番は一八六七（慶応三）年から診療所となっています。この時の医者は米国人ウィリアム・ジャランドで、診療所では健康増進のため炭酸水が売られていました。

大浦川流域はクリークと呼ばれました。居酒屋やホテル、診療所などが立ち並ぶ居留民の下町だったことがわかります。

●イギリス人墓地

一八六六（慶応二）年三月、ベアトが撮影した大浦川上流川上町の外国人墓地（現・大浦国際墓地）です（次頁）。ベアトは手書きで「長崎の英人埋葬地」と説明しています。開港後、長崎には英国の艦隊が入港し、居留地に多くの英国人が滞在しました。戦死や客死すると、この墓地に埋葬されました。『長崎に眠る西洋人』（木下孝著、長崎文献社）の墓のデータとこの写真を照合してみると、この時すでに三二基の墓がありました。

手前が大浦の英国人墓地。中央付近に白く写るのは日本人の墓石群。
1866年ベアト撮影

中央の二つの大きな墓石のうち右は、一八六三（文久三）年九月八日に三三歳で亡くなった海軍の牧師ロナルド・エドワーズのものです。彼は筆者が一九八八～九〇年に留学していたケンブリッジ大学セント・ジョンズ・カレッジに勤務した事もありました。左はグラバーと同じく一八五九（安政六）年六月に来崎し、大浦5番で貿易商社を開業したジョン・メイジャーの墓です。ウィリアム・オルトやフランクリン・フィールドらと共にマニシパル・カウンスル（自治会）の初代役員を務めましたが、六二（文久二）年二月一九日に二九歳で突然亡くなっています。

この時の三二基は下関戦争の戦死者、水兵、士官、造船技師、商人、牧師といった人々の墓なのですが、ほぼ全員が二〇～三〇代初めの若者であることは痛々しいかぎりです。

この大浦の外国人墓地はやがて英国人以外にも開放されました。墓石が二六〇基ほど立ち、手狭になったため一八八八（明治二一）年に閉鎖され、浦上村山里（現・坂本町）に拡張されます。背後の白い墓石群は日本人のものです。ちなみに、オランダ人、ロシア人、アメリカ人の墓地は江戸時代には稲佐の悟真寺でした（95～97頁参照）。

今は木が茂り、石は朽ちていますが、右の白い門に続く石段はそのままで、佇まいは往時を偲ばせています。

●天主堂、側面尖塔無く

オーストリア・ハンガリー帝国東アジア探検隊の公式写真家ウイルヘルム・ブルガーが、一八六九（明治二）年、東山手13番（現・活水女子大付近）から撮影した大浦外国人居留地です。二枚一対のステレオカードの左側です。「中国と日本」シリーズの「長崎の風景」と題され、ヨーロッパで販売されました。

東山手から見た大浦居留地と天主堂。
1869年ウイルヘルム・ブルガー撮影

南山手には一八六五（元治二）年二月完成の大浦天主堂が見えますが、同年撮影のベアトの写真に写っている側面の二つの尖塔《せんとう》が消えています。台風で吹き飛ばされたようです。その右下はパリの外国宣教会のフューレ師が六三（文久三）年三月に建設した木造二階建てのカトリックの司祭館です。ベアトの写真と比べると、寄宿する神学生が増えたため改築されたようで、開口部が増えています。七五（明治八）年に大浦天主堂のすぐ右隣に立つ三階建ての羅典《らてん》神学校はまだ見えません。

その下の三角屋根は一八六一（文久元）年までイギリス領事館が置かれていた妙行寺。右隣の長い屋根は六三年七月に完成し、一〇月から営業を始めた、当時最大にして最高級のベルビューホテル（現・A

南山手から見た長崎港と大浦、出島方面。1873年冬、内田九一撮影

NAクラウンプラザホテル長崎グラバーヒル）です。丘の上の大きな松の下はグラバー邸で、「一本松」とも呼ばれました。

中央の大通りは、大浦海岸通りから三本目で、大浦1番通りに次ぐ大浦2番通りです。右手前の大きな二棟はオルトの製茶工場、左の窓がたくさん付いた建物はハンナ・スミス経営のコマーシャル・ホテル、その奥の大きな建物はグラバー商会とモルトビー商会の倉庫でした。

写真研究家のセントアンドリュース大学（スコットランド）のルーク・ガートランドとイギリスのテリー・ベネット両氏の研究によれば、このときブルガーはステレオカメラを持っていなかったので、このステレオカードは一枚の写真から二枚を複製したものでした。

●南山手と下り松

一八七三（明治六）年冬に、長崎再訪中の内田九一が南山手から撮影した出島、大浦方面と長崎港です。微妙に重なる二枚組で、建物の窓の形が同じです。一枚のモノクロ写真の裏には九一自筆の「長崎六十六」という書き込みがあります。また、外国人が書いたと思われる「424」という番号もあり、いったん海外に流出して里帰りしたことを推測させます。右は後年の着色写真です。七二年の天皇西国巡幸中に撮った同じアングルの写真（26頁）は干潮ですが、こちらは満潮で、七三年一月にできた税関が写っています。建物の窓の形も違います。

手前の大きな建物は、南山手の8番館（現・南山手地区町並み保存センター）。一八六七（慶応三）年、ドイツ人スパン・シュミットが建てた擬洋式木造の個人住宅です。寄せ棟造りの母屋から両側にウィングを広げ、その先には六角形の奥屋を設け、海側にベランダをめぐらした複雑で瀟洒《しょうしゃ》な平屋の建物でした。その手前には東屋《あずまや》らしい別棟の屋根も見えます。

この時、長崎港の水先案内人でアメリカ人のジョン・スミス一家が住んでいました。家主のシュミットは一八七三（明治六）年二月にドイツのヴェストバル商会にこの洋館を売り払います。その後改修して窓の形が変わったようです。

右の写真の旗竿の立つ擬洋館はベルビューホテルです。

海岸の小さなベランダ付き洋館は、下り松42番館D。当時イギリスのM・C・アダムス商会が入居し、イギリス海軍御用達の商店を営んでいました。この木造の建物は一九〇二（明治三五）年に取り壊され、跡地には一九〇四年に長崎市内の石造り洋館として最大規模を誇る、香港上海銀行長崎支店が建ちます。建築家下田菊太郎設計の建造物として、国内で現存する唯一のもので、国の重要文化財に指定されています。二〇一四（平成二六）年四月からは、長崎市旧香港上海銀行支店記念館「長崎近代交流史と孫文・梅屋庄吉ミュージアム」としてリニューアルオープンしています。

背後の松の木は、江戸時代からここが「下り松」と呼ばれた名残です。湾奥は浦上方面、右の船溜《ふなだま》りは五島町の海岸付近、左は稲佐淵村の集落です。

●ベランダ三面付きの堂々とした外観——東山手12番館

一八七四（明治七）年ごろ、英国人フォレスト医師の住居であった東山手10番付近から、上野彦馬が撮影した大

1874年ごろの大浦北端と東山手一帯。上野彦馬撮影

浦の北端と東山手一帯です。

右の白い大きな建物は一八六八（明治元）年に新装なった東山手12番館で、現存しています。新装前は六一（文久元）年以来、ウォルシュ商会が所有し、社主の米国人ジョン・ウォルシュが領事に任命された六一年から六五（慶応元）年までは、米国領事館でした。

社員のリンダウがプロシア領事に任命されたため一八六七年からはプロシア領事館となり、新装後に同じく社員のランブルッゲンがロシア領事となったことで、七〇（明治三）年にはロシア領事館となります。

一八七七（明治一〇）年三月の西南戦争時には野戦病院として使用され、病院はその年の夏に新大工町に移転します。12番館はその後、高島炭坑のお雇い外国人技師フレデリック・ポッターが借家したり、オランダ政府の病院などとして使われた後、再度米国領事館になります。12番館は木造ながら幅広いベランダが三面に付き、堂々とした外観です。一九九八（平成一〇）

年に国の重要文化財に指定されました。左手の門衛舎は現在無くなっていますが、右手の別棟は前方に引き離されて残っています。

背後の丘の右半分の15番にまだ活水《かっすい》女学校の建物はなく、左半分の14番には洋館の屋根が見えます。この洋館は一八六六（慶応二）年から英国のルイス・レインボウ商会の個人宅になっていました。七〇（明治三）年二月には米改革派教会の牧師ヘンリー・スタウトの宣教所となります。

その左下の海を望む東山手16番館は、幕末に英国領事のアベル・ガワーなどが住みました。その後、一八七〇（明治三）年にグラバー商会が、七四年には米改革派教会の牧師チャールズ・ウォルフが入居します。明治初めの東山手にはまだ空き地が目立ちます。

繁栄する大浦バンドと山手居留地

●新地に架かる梅香崎橋、洋風化の過程物語る

一八八八（明治二一）年ごろ撮影の梅香崎橋付近です（次頁）。写真の左下には小さく「UMEKASAKI―BASHI」のキャプションがあります。

白いスマートな欄干のついた梅香崎橋は新橋ですが、最初の橋は、海岸線を遊歩道とするため一八六九（明治二）年、奥に見える二つの橋と共に梅香崎居留地（手前側）と対岸の新地の間に架けられました。たもとでは人力車夫が川を見ています。道路は人力車が走りやすいように敷石で舗装されていました。

新地からつながる中島川河口の新大橋（右側）と、築町から出島に架かる出島新橋（左側）が白く見えています。

撮影場所は、現在の湊公園の角地です。川は埋め立てられ道路に変わっています。梅香崎橋を渡って左の海面

梅香崎橋から新大橋を見る。1888年ごろスチルフリード撮影

上が今のバスセンターの場所になります。

江戸時代新地には、海から蔵に積み荷を運び込む水門や和風蔵がありました。写真では海事局（右側）や中国商社徳泰号（中央）、裕益号（左側）といった新しい擬洋館に建て替わっています。

出島新橋と新大橋の間は築町です。同町の旧対馬藩屋敷にあった中国商社広隆号の建物は無くなっています。この場所には一八八九（明治二二）年一二月、第十八国立銀行（現・十八銀行本店）のレンガ造り二階建て洋館が建ちます。

左端の出島に一部見える洋館は、イギリス聖公会宣教協会の宣教師が一八七五（明治八）年に新築した出島監督教会（現・出島神学校）です。

明治の中期、大浦居留地には多くの外国人が入り込み、開港により唐人屋敷への住居制限から解放された中国人も平地の新地に進出しました。出島も新しい宣教の拠点へと変わり、長崎の景観は洋風化していきます。

●優雅な洋館が立ち並ぶ梅香崎居留地

梅香崎に立ち並ぶ洋館群。手前は中島川の土砂で干潟化した海。
1890年ごろ、出島の海岸から撮影

一八九〇（明治二三）年ごろ、出島の海岸から撮影された梅香崎居留地（現・長崎市民病院付近）の洋館群です。フランス語で「バンドにおける電報電話局と大浦の丘」と説明されています。モノクロ一枚ものですが、原版には細部が鮮明に写し込まれています。

中央の四棟のバルコニー付き植民地風の四棟の洋館のうち、右の建物は長崎郵便電信局（長崎郵便局）です。一八七五（明治八）年に本博多町から、居留地内の梅香崎1番に移転してきました。七三年の「郵便はがき」発行をきっかけに「年賀はがき」が国民的行事となり、郵便制度が普及します。このころの主な郵便業務は国内外に出す郵便と電報でしたが、八〇年当時、長崎の一人当たりの郵便取扱量は東京を上回って日本一でした。

右から二番目の建物（梅香崎2番）は我が国で初めて開局された国際電報電話の通信社、デンマークの大北電信長崎局です。続く3番は日本郵船長崎支店、4番はアーレン商会で一八八五（明治一八）年に開業しています。一九〇三（明治三六）年

1886年ごろの大浦、東山手居留地とラッセル館

には、大浦から移転してきた横浜正金銀行がこの4番に入居します。

左の橋は梅香崎橋です。現在の湊公園は、この奥になります。左の丘には十人町の日本人家屋が立ち並び、右端には七七（明治一〇）年の台風で崩壊した後に新築された長崎税関の庁舎（奥）と倉庫（手前）が重なって見えます。

ご覧のように前面の海は中島川がはき出す土砂で干潟化し、船の航路を確保するために毎年浚《しゅん》渫《せつ》が必要でした。これが一九〇〇年代の中島川変流工事の原因となります。

●軒を連ねる著名人邸

一八八六（明治一九）年ごろ、アメリカ改革派教会の伝道局があった東山手10番の高台から大浦と東山手を撮影しています。丘の上の建物は八二年（明治一五年）五月に落成した活水《かっすい》女学校（現・活水学院）のラッセル館です。下の石垣の中央には切り込みが見えます。ラッセル館の隣に八七年に建つスタージェス・セミナリ（梅香崎女学校）はまだ見えません。

右端は東山手12番館です。入居者は次々と変わりましたが、この時はオランダのボイケマ医師が勤務する政府の病院でした。八八年からは鎮西学院三代目校長でメソジスト監督教会の牧師チャールス・ビショップ夫妻が住み、一九〇一（明治三四）年からアメリカの領事館となります。改築を繰り返しながら、今は活水学院の旧居留地私学歴史資料館（国指定重要文化財）として活用されています。

左に目を転じると枯れ木の右奥は、グラバーの貿易パートナーだったジョセフ・ヒコ（浜田彦蔵）など多くの有名人が住んだ東山手16番館（現・南山手十六番館）。この時はヘンリー・スタウト夫妻が住んでいました。オランダ系アメリカ改革派教会のグイド・フルベッキの後継者である夫妻は、ここで聖書と英語を教えました。一八九六（明治二九）年から伝道局（長崎神学校）となります。

左端に見える東山手15番の大きな建物は、元々グラバーやオルトの製茶工場でしたが、この時期にはオルト商会を引き継いだイギリスの茶商ヘンリー・ハントとフデレリック・ヘリアーの工場でした。オランダ坂に面した現在の活水学院国際交流センター付近です。その右の毛布が干されている大浦28番はフランス人経営のホテルです。その右手前はフランス人ソビアックが経営するパリ風の美容室でした。

●南山手の洋館群

一八九〇（明治二三）年ごろ撮影された南山手の洋館群です（次頁）。長崎に居留していたジョーダン夫妻から世話になった日本人夫妻へ、「長崎での親切な思い出」に対して贈られた着色写真アルバムの一枚です。

正面の大きな洋館とその左奥の二棟は元々地番のない、崖の斜面を切り開いた新開地の洋館です。手前には布団やシーツが干してあり、居留民の生活の息遣いが伝わります。

右の大きなベランダ付き洋館（現・長崎海洋気象台）は、一八七六（明治九）年に開業したロシアの海軍病院です。

南山手に建つ洋館群。一番手前の洋館にはシーツが干してあり、居留民の生活の息遣いが伝わってくる。1890年ごろ撮影

玄関の看板にはロシア語で、「太平洋艦隊の小病院」と書かれています。つまりここは、ロシア東洋艦隊の海軍病院なのです。

その上には、領事館のシンボルとして国旗を掲げるための二本の旗竿が見えます。左はロシア領事館、右はアメリカ領事館のものです。ロシアは一八七六年、旗竿の左手に写る二階建ての瀟洒《しょうしゃ》な建物を領事館としました。

画面中央の小さな建物は「ロシア寺」「ニコライ堂」または「森の教会」と呼ばれたロシア正教の礼拝堂（チャペル）です。

一八五八（安政五）年の開国以降、ウラジオストクを基地としていたロシアの東洋艦隊は、暖かい土地で越冬し、静養するために毎年、長崎港を訪問していました。乗組員の居留先は稲佐でしたが、礼拝のために八三（明治一六）年、対岸の領事館にこの教会を付設しました。ご覧のように礼拝堂の拝殿は、神社のように吹き抜けでした。

右上の大きな木はグラバー邸の一本松です。長崎弁で「ヨンゴ（傾いた）松」とも呼ばれましたが、

変容する大浦居留地の後部。1890年ごろ撮影

一九〇一（明治三四）年の台風で倒れてしまいました。

●洋館、和風長屋など多彩な建物

一八九〇（明治二三）年ごろ撮影された大浦外国人居留地の後部です。居留地の住人が減ったため、住宅が消えています。

中央の大浦32番の空き地に一八九三年に建設される孔子廟はまだ見えません。右端の窓がたくさんついた大きな洋館は、オランダ改革派教会の外国伝道局長だったスチール博士が、一八歳で亡くなった息子のために建てたスチール記念アカデミーです。ここは九一年、東山学院と改称され、今はグラバー園に移築されています。その左上には東山手2番のブラウニ商会の屋根が見えます。

その下の横に三棟、きれいに並んでいる洋館は、現在、荒れ果てた状態から修復されて保存公開されている南山手の洋館七棟の上段部分です。下段の四棟はまだ見えません。写真からこの三棟が先に建ったことがわかります。

丘の上の建物は左から、アメリカのメソジスト監督教会の女性外国宣教教会が一八八二（明治一五）年に13番に建設した活水女学校のラッセル館、八八年からチャールズ主教が借りていた、岩永バンガローと呼ばれていた時代の12番。デヴィソン牧師が住む6番のカブリ・セミナリ、11番のイギリス聖公会の教会です。

平地の奥の白い台地は盛り土で新しく造成されています。その左手の道を挟んだ大浦26A番と26番にはそれぞれフランス人のドレスメーカーとアメリカ人ジョンソンのホテルがありました。

手前にある大きな和風の二階寄せ棟の二棟の長屋は、大浦川に沿った30、31番。撮影時はアメリカの中国日本貿易商会が倉庫に使っていました。

長屋の背後に見える煙突が付いた和風の大きな建物は、一八七〇年代半ばに建てられたパブリック・ホール兼劇場です。演劇やコンサートは居留民の娯楽でした。一八八九（明治二二）年には、ここでナガサキクラブ、ボーリングクラブ、女性ローンテニスクラブのメンバーのために喫煙音楽会が開催されています。一九二五（大正一四）年に日本基督教団の会堂が建つ場所です。

●木造洋館並ぶ大浦バンドの全盛期

明治中期の大浦海岸通りです。海岸に外国人居留地が並ぶ大浦バンドの一八九五（明治二八）年ごろの様子です。建物も増え、入居者も大きく変わりました。長崎市下り松（現・松が枝町）の突堤から撮影されています。写真家の小川一真《いっしん》が販売したアルバムの一枚です。撮影者は、詳しくはわかりませんが、為政虎三あたりかもしれません。

手前の橋は大浦川河口に架かる下り松橋（現・松ケ枝橋）です。架け替えられて六年ほどたったころです。上辺が弓（ボー）、下辺が弦（ストリング）の形をしたボーストリングトラス形式と呼ばれる橋です。

海岸に馬の散歩道が整備された一八七〇（明治三）年、河口に下り松橋が架けられました。橋脚の煉瓦《れんが》組は今でも橋の上流側からのぞき込むと、一部昔のまま残っているのが観察できます。

大浦バンドの全盛期を伝える1895年ごろの写真。右は大浦川河口に架かる下り松橋

橋の後ろの建物は大浦11番館です。一八七九（明治一二）～九九年まで、英国のジャーディン・マセソン商会が入居し、その後一九一四（大正三）年まではドイツ領事館でした。

左隣の10番館は一八六一（文久元）年から一九二二（大正一一）年まで、フランス人の輸入商ピナテル親子の家でした。屋根の上には、一八八二（明治一五）年に建てられた活水女学校のラッセル館が重なって見えます。館の前には、九三（明治二六）年ごろから長崎電灯株式会社が設置した電信柱があります。

さらに奥の建物は大浦9番館です。当時、香港上海銀行が入居していましたが、一八九六（明治二九）年に米国の石油会社スタンダード・オイルの事務所に変わります。隣の8番館には横浜正金銀行の支店が入っていました。

7番館はホーム・リンガー商会の所有地で、一八九五（明治二八）年に、ホワイト・ハウス・サルーンという高級な飲食店になります。一番奥は大浦6番館で、八六（明治一九）年に英国領事館が入り、一九〇四（明治三七）年には赤煉瓦の洋館に変身します。

1890年代の大浦海岸通り

木造洋館が立ち並んだ大浦バンドの全盛時代を伝える写真です。

●道幅一一メートル、土むき出し

写真の左隅に「Nagasaki Bund」と書かれています。当時、三井物産が入居していた大浦3番館の前から、一八九七（明治三〇）年ごろ撮影された大浦海岸通りです。

人力車と比べてみるとわかりますが、道幅は約一一メートルありました。人力車の走る道路は土がむき出しですが、屋敷の前の歩道は舗装されているようです。文久年間（一八六一～六四）に造られて三五年ほどたっています。

鉄柵がめぐらされた左の石倉は、一八六六（慶応二）年ごろの建設で、このときは三井物産の倉庫のようです。その奥の大きな二階建て洋館は大浦4番館（現・ホテルニュータンダ）です。九〇（明治二三）年ごろに建て替えられたばかりのこの建物は、回廊に手すりが付いた植民地風のベランダに出窓が施され、屋根にはドーマーと呼ばれる張り出し窓が付いています。

ここは一八六九（明治二）年から一九一五（大正四）年まで、船具商や委託売買、競売人として長崎で長らく商業に携わったアメリカの日清貿易会社の本部事務所が置かれていました。スタンダード・オイルやアメリカ領事館、イギリスの薬剤師F・H・ハントなどの事務所となった時期もあります。

正面奥の南山手の丘の左手にはグラバー邸が見えます。

写真は着色されています。一八九〇年代には籠町などで、長崎を訪れた外国人向けにこのような写真がお土産として売られていました。

●民家、学校など続々と

一八九九(明治三二)年ごろの大浦居留地と東山手を撮影しています。長崎を特集した、蒔絵仕立てのお土産用の豪華なアルバムに収載された一枚です。八〇(明治一三)年ごろは空き地が目立ったのですが、このころには家が立ち揃い、背後の東山手にキリスト教の学校が建ち始めています。

中央右の三角屋根が突き出した建物は一八九三(明治二六)年、大浦32番Aに新築された孔子廟です。その建物の上方にある、同じ形をした三棟の洋館は九〇年ごろ新築されました(87頁参照)。これらは現在「東山手洋館7棟」として整備され、「古写真資料館」「町

多くの建物がひしめく1899年ごろの大浦居留地。手前の和風洋館群は居留民の飲食街。背後の東山手には学校が立つ

並み保存センター」などに活用されています。

こんもりとした森のように見えるのが東山手で、その中腹にある大きな建物（写真右上）は東山学院です。先に見たように一八八七（明治二〇）年、スチールの寄付で、ヘンリー・スタウトが旧イギリス領事館の場所に新築しました。

その左上に写る大きな建物は、一八九八（明治三一）年にフランス人修道士セネンツの設計で完成したカトリックの海星学校です。

手前に並ぶ寄せ棟造りの和風洋館群は、右から下り松36～40番の建物で、居留民の飲食街でした。

日ロ交渉の歴史を刻む稲佐「ロシア村」

●「ロシア村」の志賀波止

稲佐にあった「ロシア村」の志賀波止《しがのはと》と呼ばれた船着き場です。撮影は一八七四（明治七）年ごろ。現在の旭大橋の稲佐側の付け根付近ですが、今はその面影がありません。アメリカ海軍の将校R・E・カーモディのアルバムに収載されていますが、撮影者は上野彦馬か、本人あるいはその弟子に付き添われたアメリカの写真家とも思われます。

右の蔵と塀に囲まれた庭は、庄屋の志賀屋敷の一角。第一一代目の当主親憲《ちかのり》（一八六六＝慶応二年から和一郎）と第一二代の親賢《ちかかた》は、この一帯の庄屋として、長崎奉行の命によりロシア海軍の士官や水兵の宿舎を世話しました。幕末にロシア通詞として幕府に仕え、明治になって外務省に勤務した志賀親朋《ちかとも》は親憲の息子です。

手前の大きな家は庄屋を補佐した散使《さし》であった福田家の屋敷。その左隣の手摺の見える二階建ての家は、福田

志賀波止と呼ばれた稲佐「ロシア村」の桟橋。1874年ごろ撮影

別邸のロシア海軍士官クラブ（現・福田動物病院）です。

中央左の海に突き出したあたりは諸岡直治の敷地で、士官の止宿所（宿舎）でした。当主の直治は海際の二階建ての屋敷で西洋料理店ボルガを開設し、一八八五（明治一八）年には姉のおまつが女将《おかみ》になりました。九一（明治二四）年に来訪したロシアの皇太子ニコライ二世は、五月三日丸山で会食した夜に船でボルガに渡り、玉突きをして遊びました。五日におまつに贈り物をした記録が『最後のロシア皇帝ニコライ二世の日記』（講談社学術文庫）にあります。

「稲佐のお栄《えい》」として知られたホテル経営者道永《みちなが》栄は、一八八〇（明治一三）年ごろに茂木を出ておまつを頼り、その紹介でロシア海軍士官クラブに勤めました。お栄はここでロシア海軍の将校と交流を深め、やがて船津浦（現・旭町）の丘にロシア人相手のホテルを建てます。稲佐は日ロ交渉の深い歴史を刻んでいます。

対岸の左は立山で、その裾に広がるのは長崎市内の街並み。右の茂みは現在の県庁あたりです。

●「稲佐のお栄」とホテル「ヴェスナー」

丘の上中央の大きな屋根は「稲佐のお栄」が開業したホテル「ヴェスナー」です。ロシア語で「春」を意味します。ヴェスナーは長崎三女傑の一人とされるお栄が一八八九（明治二二）年に建てたホテルです。海岸の木橋は「お栄の桟橋」と呼ばれた船着き場で、客はここから上陸しました。これまで九三（明治二六）年創業とされていましたが、松竹秀雄氏によるロシアの巡洋艦ナヒモフ号入港時に撮影された写真の考証から、創業時期がより早まりました。

ホテル「ヴェスナー」と「お栄の桟橋」

次頁の写真は、このホテルに滞在した上官を見舞うロシア人将校と和服姿の長崎妻たちです。敷地の広さは三〇〇坪（約九九〇平方メートル）で客室二一部屋。ロビー、宴会場、遊技場などを備えていました。

天草出身のお栄は一二歳で両親を失い、茂木の旅館で二〇歳まで女中奉公をしています。稲佐の料亭ボルガの女将、諸岡まつの世話でロシア将校クラブで働きました。

お栄は一八八一（明治一四）年九月から八二年五月までロシア船バルト号の船長に従いウラジオストクに渡り、同年一一月から翌八三年五月まで上海を旅行しました。その後帰国したお栄

ヴェスナーの庭で病気の上官を見舞うロシア人将校たち。1890年代撮影

は八四年、ロシア海軍士官クラブの責任者になります。写真で見ると目鼻立ちが整い、いかにもきっぷがよさそうな美人でした（141頁）。

一八九八（明治三一）年、健康を損ねたお栄はヴェスナーの経営をおまつに任せ、平戸小屋（現・大鳥町）に住み、そばにロシア人高級将校を客とする小さなホテルを建てました。ここには、日露戦争直前に日本の視察に来たロシアの陸軍大臣クロポトキン、乃木将軍との水師営での講和後長崎を訪問した、旅順要塞地区司令官ステッセル家族が滞在しています。戦争中は「ロシアのスパイ」（露探）などと罵《ののし》られ、投石の迫害を受けたそうです。

一九〇二（明治三五）年、大浦外国人居留地にロシア風のホテルを建て、〇六年には茂木に純洋館二階建てのビーチホテル（182頁）を開業するという活躍ぶりでした。長年ロシアとの交流に尽くした国際人お栄は二七（昭和二）年、自宅で六八歳の生涯を閉じました。

●稲佐の悟真寺

上野彦馬が一八七四（明治七）年ごろ撮影した稲佐の悟真寺です（次頁）。左の本堂は木造重層の入《いり》母《も》屋《や》造り。右の山門は龍宮門形式で異国情緒を醸し出しています。江戸時代の長崎の名所を書いた『長崎名勝図絵』によれば、

稲佐の悟真寺。後山の一角に国際墓地がある。1874年ごろ上野彦馬撮影

改築される一八六四（元治元）年以前は門柱に横木が貫く冠木門《かぶきもん》でした。山門越しに鐘楼と庫裏の一部が見えています。

本堂は原爆で倒壊しましたが、一九五九（昭和三四）年に鉄筋コンクリートで再建されました。山門も被災しましたが改築され、石段の向きを右に変えて現存します。

カトリック神父と信徒たち計二六人が西坂で処刑された翌年の一五九八（慶長三）年、久留米の善導寺からやってきた聖誉玄故《せいよげんこ》により、長崎の仏教寺院として最初に再興されました。一六〇二（慶長七）年、境内に一万坪の朱印地（幕府に認められた所有地）を与えられて唐人墓地としました。強制的に人々が寺の檀家となる寺請制度により、菩提寺を興福寺、福済寺、崇福寺《そうふくじ》とするまで、華僑はここに葬られました。

一六五四（承応三）年、悟真寺の後山の一角は、それまで水葬されていたオランダ人の墓地となり、船上や出島で客死したオランダ人はここに埋葬されました。一八五九（安政六）年の開港で

ボードイン兄弟と悟真寺の住職たち。1865～66年撮影

外国人来航者が増え、この一角にロシア人とアメリカ人の墓地が設けられ、名実共に国際墓地となります。

翌一八六〇（万延元）年、ロシアの船将ビリレフが提供した一〇〇両をもとに、悟真寺近くにロシア人水兵の「マタロス休息所」が設けられ、七〇（明治三）年にはこれが寺の横に移り、稲佐遊廓として発展します。

開港により大浦にはヨーロッパ人の居留地が創設されましたが、その背後の川上町に外国人墓地が設けられたのは一八六一（文久元）年のことです。

●ボードイン兄弟の墓参り

一八六五～六六（慶応二）年のある日、出島に滞在していたボードイン兄弟は、稲佐悟真寺のオランダ人墓地に参拝しています。上の写真には探検帽をかぶるオランダ領事で弟のアルベルトと医者で兄のアントニウス（右側）が写っています。悟真寺の第一六代目、膽誉《たんよ》卯月《うげつ》和尚と四人の若い僧が応援しました。

次頁の写真はオランダ人墓地です。左下の小さな四角の墓は、米改革派教会のオランダ人宣教師グイド・フルベッキ夫妻の娘エマのもの。生まれて一週間後の一八六六

稲佐悟真寺のオランダ人墓地。1865年～66年撮影

〇（安政七）年二月二日に亡くなった事が、墓石に刻まれています。

右下の大きな墓は一七七七（安永六）年、日本への航海中に四二歳で急死した商館長ヘンドリック・デュルコープのもの。墓石には羽根のついた砂時計と、十字架のついた花輪に囲まれた子羊が刻まれています。死者の魂が神に連れられて故郷に帰ることを祈ったようです。

右端の白く尖《とが》った墓には、一八五九（安政六）年に出島で亡くなった上海商人ヘンリー・トービーが眠っています。この時オランダ人墓地には、一六四九（慶安二）年以来長崎で客死した三〇人ほどが埋葬されていました。

アルベルトは一八六五年一〇月一〇日に「たびたび船が遭難し、長崎沖ではオランダ船のゾーン・メルヒオル・ケンペル号が沈没して一四人が死亡した」と記し、翌六六年一〇月一八日には「私が生きている証としてこの手紙をしたためています」と書いています。異国の地、長崎で亡くなったオランダ人が眠る悟真寺の墓は、二人にとって決して他人事ではなかったようです。

現在のオランダ墓地を囲っている鉄門と赤い煉瓦の塀は、一九一八（大正七）年にオランダ政府が設置しました。

第四章　古くて新しい中国との交流

中国貿易と唐人屋敷

長崎に来船する唐人（中国人）は、もともと知人や縁故で日本人の家に宿泊し、宿主の斡旋《あっせん》で商取引をしていました。鎖国が始まる一六三七（寛永一四）年、町ごとに順番を決めた宿町に宿泊させる差宿制が始まります。輸入された織物や皮革はパンカドと呼ばれた糸割《いとわっ》符《ぷ》（商人集団）が売りさばいていました。五五（明暦元）年に一旦自由貿易となりますが、七一（寛文一一）年に商人の資本高で貿易額を割り振る市法貨物商法に変わり、八五（貞享二）年に唐船と蘭船の貿易を定額とする定高《さだめだか》貿易法が確立されます。唐船は出発港ごとに貿易高が制限され、輸入品は復活した糸割符がさばきました。このときから奉行所は長崎会所を通じて取引に「掛り物」（関税）を徴収するようになりました。

貿易高が制限されたために積み戻しの船も出て「抜け荷」（密輸）が横行しました。幕府は唐人によるキリスト教の伝播を防ぎ、密輸を防止するために、唐人の市内雑居を禁止し、一六八四（貞享元）年に完成した唐人屋敷に囲い込みました。敷地は次第に拡張し、一七

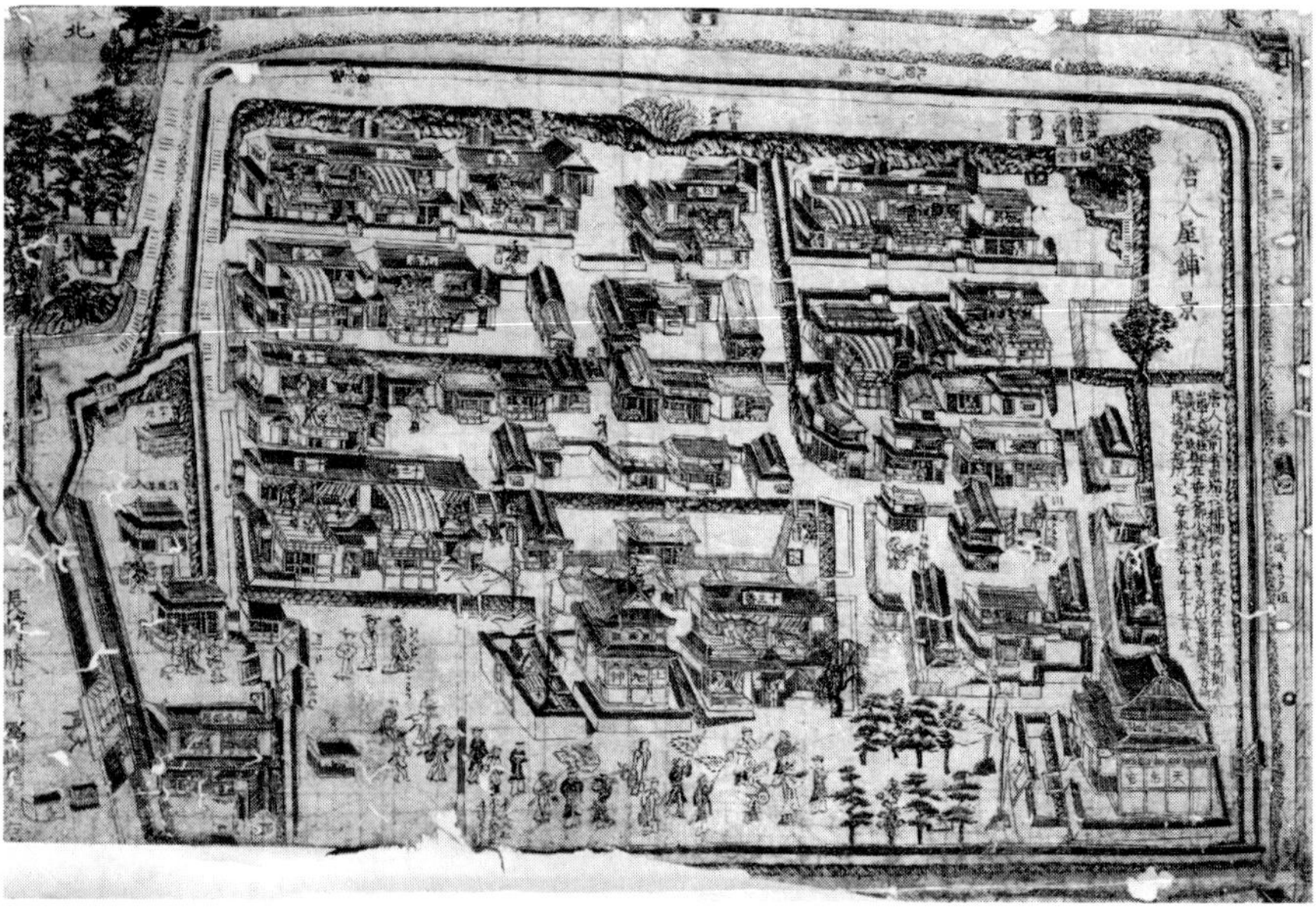

「唐人屋鋪景」1870年、豊嶋屋文治右衛門版：長崎歴史文化博物館所蔵

小島養生所・医学所（右）と唐人屋敷（左）。1865年ごろベアト撮影

六〇年代には九三七三坪（三万九八五平方メートル、出島の約三倍）の広さがあり、二〇〇〇人を収容できるほどでした。

大門から中門をくぐると唐人の住宅と風呂屋があり、周りには関帝堂、観音堂、土神祠、辻番所などがあり、大門と中門に挟まれた札場が商取引の場所でした。輸出用の海産物を詰めた俵物は屋内の乙名《おとな》部屋や通事部屋で取引されました。唐人屋敷は完全に隔離された中国人の街でした。

唐人屋敷には奉行所の役人と唐通事以外の唐人と日本人を監督する日本人の乙名と組頭が任命され、入館者は二つの門の唐人番から門鑑の提示を求められました。館内では密輸を防ぐために懐《ふところ》をさぐる探番《さぐりばん》や、不審者をとがめる杖突《つえつき》という下級役人が目を光らせていました。また遊女以外に女性は立ち入りを禁止されていました。

火事から荷を守るための人工島・新地蔵ができるのは一七〇二（元禄一五）年です。

1890年ごろの聖福寺。屋根の左右に鯱の瓦を戴く

唐四ヵ寺と幕末の中国人

●聖福寺——日中混血の黄檗宗僧侶鉄心が創建

写真は一八九〇（明治二三）年ごろ撮影された岩原郷（現・玉園町）の黄檗宗聖福寺《しょうふくじ》の本堂です。

聖福寺は唐人貿易商の陳朴純と長崎の富商西村氏の娘との間に生まれた鉄心道胖《てっしんどうはん》により、一六七七（延宝五）年に創建されました。本堂はその翌年に建立され、一七一五（正徳五）年から幾度も改築されながら現存しています。木造、本瓦葺き反り屋根、重層入母屋《いりもや》造りで、屋根の中央に瓢簞《ひょうたん》形の宝珠を飾り、左右に鯱《しゃち》の瓦を戴く優雅な建物です。堂前で椅子に座る僧侶は一二代住職の方中和尚のようです。

鉄心は唐の高僧木庵和尚に師事して宇治の万福寺で修行し、長崎奉行の牛込忠左衛門と岡野孫九郎の支援を得て聖福寺を創建しました。興福寺、福済寺、崇福寺《そうふくじ》の唐三ヵ寺は、すでにそれぞれ南京、泉南、福州の出身者の檀家寺でしたが、鉄心は別の唐人を檀家とし、唐三ヵ寺の目付けになる事を期待されました。

中央上の大額には、鉄心が書いた「大雄宝殿」の文字がうっすらと読めます。建築様式は黄檗ですが禅宗の和風建築に近く、他の唐三ヵ寺のような媽祖《まそ》信仰がありません。後代には「長崎の四福寺」と並び称され、ともに唐人屋敷の土神堂の祭りを担当しました。幕末には広東人との関係が深まり、広東寺とも呼ばれます。

明治中期の興福寺。本堂の柱は中国から輸入した欅を使用

佐賀の鍋島家と縁が深く、一七八〇（安永九）年には陣所となり、幕末には藩主鍋島直正が二度宿泊しています。一八六七（慶応三）年には、坂本龍馬率いる海援隊のいろは丸が紀州藩の明光丸と衝突した際の賠償交渉の舞台となり、明治に入ると台湾出兵や西南戦争の仮兵舎、仮病院にも利用されました。

本堂の大雄宝殿は原爆でも被災せず現存し、天王殿と山門とともに県の有形文化財（二〇一四年五月に国の重要文化財）に指定されています。しかし現在、瓦は落ち、倒壊の危険があり、修復のために募金が集められています。

●興福寺——揚子江流域との深い縁

明治中期に撮影された黄檗宗の東明山興福寺の本堂（右）と鐘鼓楼（左）です。回廊右手の本堂軒下には媽祖堂の屋根がのぞいています。写真は絵の具で着色されています。「あか寺」と呼ばれた建物の柱と梁は朱塗りで、鐘鼓楼も紅白に塗り分けられて鮮やかです。

本堂の大雄本殿は木造、本瓦葺き、重層の切《き》り妻《づま》造りで、屋根は唐風に反り上がり、向拝《ごはい》の天井は半円形蛇腹の黄檗流で、柱には中国から輸入された欅《けやき》が使われています。堂内は煉瓦敷き、氷が割れた形を模した円窓が付けられ、吹き抜け天井で、回廊には切り石が敷かれています。清の外交官余攜《よけい》が書いた「萬歳江山」の額は、この寺が揚子江流域の江南、浙江、江西、すなわち「三江」と縁が深い事を表しています。そのため、南京寺とも呼ばれました。

興福寺は中国江西省から渡来した真円和尚が一六二〇（元和六）年に開基し、本堂は二代目の黙子《もくす》如定《にょじょう》が四一（寛永一八）年に完成させました。長崎で最初の「眼鏡橋」（55頁）を架け、唐絵と呼ばれた長崎系絵画や篆刻《てんこく》を広めました。

一六五四（承応三）年には崇福寺、福済寺（一六二八＝寛永五年創建）を合わせた唐三ヵ寺が協力して中国の黄檗山万福寺で住職をしていた隠元隆琦《いんげんりゅうき》禅師を長崎に迎えます。隠元は六一（寛文元）年、京都の宇治に黄檗山万福寺を創建して日本黄檗宗の開祖となります。隠元豆をはじめ、もやし、スイカ、レンコン、孟宗竹といった食物を日本にもたらし、さらに胡麻豆腐《ごまどうふ》、胡麻和《あ》え、けんちん汁といった中国の精進料理である「普茶料理」を興福寺に伝え、懐石料理や総菜料理の起源となりました。

本堂は一八六五（慶応元）年に台風で大破し、八三（明治一六）年に中国の資材と技術で再建され、戦前は国宝に指定されていました。原爆の爆風で柱が傾くなどの被害に遭い修復され、戦後は旧唐人屋敷門と共に国の重要文化財に指定されています。媽祖堂と鐘鼓楼も県の有形文化財で、江戸時代に儒教の学校であった中島聖堂の大学門も現在ここに移転されています。

●崇福寺――三つの入り口を備える竜宮門

一八七八（明治一一）年ごろ、上野彦馬が撮影した鍛冶屋町の黄檗宗崇福寺の三門です。別名は竜宮門。大門または楼門と呼ばれ、木造、本瓦葺き、重層入母屋造りで、左右に袖門が付いています。

崇福寺竜宮門。1878年ごろ上野彦馬撮影

下段の弓型に積み上げられた瓦の壁には朱色の漆喰《しっくい》が塗られ、正面は上が花形の華頭窓。腰部には高欄付きの浜縁《はまえん》が回され、反り屋根の上では鯱が潮を吹き、通り抜けの中央の天井には龍が描かれています。三つの入り口は悟りの境地に至る「空」「無相」「無作《むさ》」の解脱門を意味します。

創建された一六七三（延宝元）年ごろは三間一戸で、八本柱を有する入母屋造りの単層でしたが、一七六六（明和三）年の大火で焼失し、再建された門も一八二八（文政一一）年に台風で倒壊しています。

現在の極彩色の竜宮門は、一八四九（嘉永二）年、唐通事の游竜《ゆうりゅう》彦十郎と鄭幹輔《ていかんぽ》の発願により、日本人棟梁大串五郎平の手で建設されました。「聖寿山」と書かれた扁額は隠元禅師の筆と伝えられています。

崇福寺は一六二九（寛永六）年、福州出身の華僑がキリシタンに対抗するため、長崎奉行水野河内守と竹中采女正の助力を得て、唐僧超然《ちょうねん》を招請し創建されました。別名福州寺と呼ばれます。航海安全のため海の神様である媽祖の名を冠した媽祖門は国の重要文化財に指定されています。

寺の住職は開基の超然から開法の隠元や中興の祖、即非《そくひ》を経て一一代の伯珣《はくじゅん》に至るまで唐人で、お経を読む時も唐音でした。唐様式の本堂、大雄本殿と精巧な構造で極彩色の第一峰門（赤門、海天門とも）は国宝です。

幕末、日本を訪問した米聖公会の宣教師チャニング・ムーア・ウィリアムズは崇福寺の末庵にしばらく住みました。

●幕末中国人男女の正装

ランタンフェスティバルが開催される春節と呼ばれる旧正月は、中華圏で最も重要な祝祭日です。長崎は鎖国時代に中国との貿易が認められ、唐人屋敷に住んだ三江（江蘇、江西、浙江）、福州、泉南、広東の「唐人」はそれぞれの菩提寺の興福寺、福済寺、崇福寺、聖福寺の唐四ヵ寺でこれを祝いました。

唐人は一八五九（安政六）年の開国以後、唐人屋敷入口の広馬場や新地への進出を図りました。写真は一八六五～六六（慶応二）年ごろ、上野彦馬のスタジオで撮影された清朝時代の正装の中国人男女です。背景の白塗りの台から、有名な坂本龍馬の肖像写真（48頁）よりも古いことがわかります。

着ている服は清の支配階級であった満州族の旗袍《チーパオ》と呼ばれた民族衣装です。旗袍は満州族の貴族である旗人《チーイエン》の「長い上着」

左：正装した中国人の女性。右：正装した男性。1865～66年ごろ上野彦馬のスタジオで撮影

を意味しています。詰め襟は防寒のため、横裾の切り込みは乗馬の際に足を横に開き、さらに前からの風を防ぐためのものです。

女性は旗袍に上着を重ね、ハンカチを持っています。一般に正装する際には旗頭《チートウ》と呼ばれる髪を高く結い、ヒールの付いたラッパ形の旗鞋《チーシエ》を履きました。足を縛って細くする纏足《てんそく》の風習は満州族にはありません。男性は瓜皮帽《グワピーマオ》という弁髪帽をかぶり、旗袍の上に袍褂《パオグワ》という上着を着て、扇子を持っています。

辛亥革命の後一九二〇年代には、洋服を旗袍風にした詰め襟ワンピースに、スリット付き細身のチャイナドレスが登場。三〇年代のモダンブームの時代には新型旗袍が上海や江南地方で海派《かいは》文化の流行を作り出します。

●中国道教の道士

中国道教の道士。
1865～66年ごろ上野彦馬撮影

上野彦馬が撮った道士《タオシエ》です。一八六五～六六（慶応二）年ごろの撮影。長崎大学附属図書館武藤文庫のアルバムに収録されています。

道士とは、中国の伝統宗教の道教に帰依し、その活動を職業とする人です。男性は乾堂《チエンタオ》、女性は坤堂《クンタオ》と呼ばれました。着ているのは漢服を簡単にした道袍《タオパオ》で、頭巾をかぶり、足には雲履《ユンルュ》という下履きを着けています。腰の瓢箪は薬壺。手には煩悩を払う払子《ほっす》を持ち、背には邪気を払う剣を背負っています。

道教には二派あります。北方系全真教の道士は出家して頭髪を束ね、髭をたくわえ、精進料理を食べ、修行を重んじます。

南方系の正一教は道士が出家せず、髭をそり、護符を書いたり儀礼を行ったりします。従って写真の道士は正一教のようです。映画の「霊幻道士」（キョンシー）は有名ですが、実際の道士を描いていません。

漢民族の土着宗教でもあった道教は神仙思想とも呼ばれます。宇宙と人生の根源的な真理を表す「道《タオ》」との一体化を目指し、修行では不老不死の霊薬である丹をつくる霊丹術を用い、仙人になる事を理想としています。

老荘思想すなわち道家と、道教は起源が違うのですが、のちに仏教に対抗するため結びつき、欧州ではまとめてタオイズムと呼ばれました。

道教は古くから日本に伝わり、陰陽師の安倍晴明はまじない、占い、健康法、占星術といった道術を取り入れました。風水、気功、鬼、修験道や民間の信仰習俗である庚申信仰、大寒、節分、春分を決める暦などに影響を与えています。

「他の宗教の僧は憎まれても道士は憎まれない。この理屈がわかれば中国のことは大半わかる」と述べたのは魯迅《ろじん》（中国の文学者、思想家）でした。

長崎と上海、香港を結ぶ

●旧唐人屋敷から出島を望む

一八七三（明治六）年、唐人屋敷跡（現・館内町《かんないまち》）から見た新地、出島方面です。横浜の写真師日下部金兵衛のアルバムに収載され、鶏卵紙は着色されています。内田九一が長崎を再訪した時に撮影した写真の原板を、金兵衛が九一の死後入手したものと思われます。

館内（旧唐人屋敷）から新地と出島を望む。中央奥に初代の梅香崎橋が見える。
1873年内田九一撮影

館内地区は、中国人が大浦居留地などに進出したため、空き地化した様子がうかがえます。『長崎居留地外国人名簿』（長崎歴史文化博物館蔵）によれば、一八七〇（明治三）年四月の中国人の人口は外国人全体五五三人のうち三六六人でした。

鎖国時代に栄えた唐人屋敷は一八五九（安政六）年の開国後に廃れ、七〇年三月の火事で大半が焼失しました。左手の炎形の宝珠をつけた刹竿《せっかん》の横にある白壁は、六八（明治元）年に聖人堂を改修して創設された福建商人の商工団体八閩《はちびん》会所の場所です。ここは再度火災に遭い、九七（明治三〇）年に再建され福建会館となります。現在は、媽祖を祀る福建会館天后堂（長崎市指定有形文化財）として一部が残っています。一九一三（大正二）年三月二二日、辛亥革命を達成した孫文の歓迎会は福建会館で開かれました。辛亥革命九〇年を記念して二〇〇一（平成一三）年に上海市から寄贈された孫文像が、会館前に置かれています。

中央奥には一八六九（明治二）年に架けられた初代の梅香崎橋が見えます。右側の新地中央付近にあった蔵は明治政府の官庫となり、その左辺には新築の中国商社の擬洋館が現れています。橋のすぐ左側の梅香崎4番はドイツ領事ヘルマン・イベルセンが経営するシュミット・ベストファール商会、その左の3番はベルギー領事をしていたユリウス・アドリアンの商会です。拡大すると旗竿に国旗が確認できます。梅香崎に洋館が二棟しかないことからも、撮影時期が特定できます。

●中国商社の建物次々

明治期の新地の拡大写真。1873年内田九一撮影

一八七三（明治六）年撮影の長崎市街のパノラマ写真（27頁）から、新地部分を拡大したものです。

中央に並列する屋根は新地蔵です。幕末から長崎を撮った英国人写真家ベアトが一八六六（慶応二）年に撮影した写真（61、62頁）には、海岸近くに米蔵と銅蔵がありましたが、この写真では中国商社の建物群に変わっています。内海の内浦も、六九（明治二）年の増築で狭まり、新たに石垣が築かれています。

米、英、仏、ロシア、オランダの五ヵ国との修好通商条約により一八五九（安政六）年から自由貿易が始まります。無条約となった唐館の中国人は大浦居留地に進出し、「外夷附属」と呼ばれた欧米商社の従業員となりました。一八六四（元治元）年には借地人として新地に進出し始めます。

県外務課の名簿によれば、新地が居留地に編入された一八六七（慶応三）年一二月には、中国商社二七社、中国人二二九人が新地で活動していました。

振豊号、敦和号、永豊号などが大浦から移ってきた中国の商社でした。五ヵ国に遅れて一八七一（明治四）年に日清修好条規が締結され、広馬場と

1899年ごろの中島川と万橋。右端から４軒目が庄吉の育った梅屋商店と思われる

新地が中国人の居留地とされます。清国が大浦7番館に正式に領事館を開設し、余擕《よけい》が初代領事に就任するのは七八（明治一一）年のことでした。

写真上部の旗竿の左側に見える埋め立て地は、一八六四年築造の梅香崎居留地です。一一区画あるうちの1～5番は、ヨーロッパ大陸系住民の新築洋館でした。

旗竿の奥、梅香崎と大浦に挟まれた場所には、旧運上所の長屋が二棟と新運上所が並んで見えます。

海に突き出した波止には、一八六六（慶応二）年六月に新築された荷改所の黒っぽい建物が見えます。その後ろには、七三（明治六）年一月に建ったばかりの長崎税関の白い庁舎が見えます。

●梅屋庄吉が育った商店

一八九九（明治三二）年ごろ、中島川に架かる鉄橋《くろがねばし》から撮影された、西浜町川端の家並みと、まだ石橋の万橋《よろずばし》です。一九一五（大正四）年にコンクリートの橋に替わります。撮影者は不詳。横浜写真の混成アルバムに収載されています。

右端から四軒目の和服が干してある木造の二階建てあ

たりが、梅屋庄吉の育った梅屋商店のようです。一帯は一八六八（明治元）年初めの火事の後に建て替わっています。
実業家であり、辛亥革命やフィリピン独立運動の支援者となる梅屋は一八六八年、長崎で生まれました。間もなく、米穀、貿易商を営んでいた叔父の梅屋吉五郎、ノブ夫妻の養子になります。九歳で大坂に船旅し、一五歳で上海に密航した梅屋にとって、船は履物代わりでした。

梅屋商店の玄関（写真は裏）側の「川岸筋」を隔てて、斜め前には土佐商会があり、近くの梅屋の貸家には岩崎弥太郎が寄宿していました。梅屋は自叙伝『わが影』で、岩崎に背負われた記憶を語っていますが、岩崎が長崎を去った時はまだ一歳にもなりません。親の言い伝えが記憶に残ったのかもしれません。

一八九五（明治二八）年、梅屋は香港で写真館「梅屋照相館」を開業。そこで孫文に出会い、九九年ごろには清朝打倒をめざす革命組織興中会を支援していました。さらに西郷隆盛を敬慕して「望南州」と号し、フィリピン独立運動の指導者マリアーノ・ポンセや、後に初代大統領となるエミリオ・アギナルドを助け、スペインおよびアメリカからの独立戦争にも加担しました。

帰国した梅屋は一九〇六（明治三九）年、東京でＭ・パテー商会（日活の前身）を興して映画事業を始め、一一年の辛亥革命のために多額の資金を援助しました。妻のトクは亡命中の孫文と、その妻となる宋慶齢との仲を取り持っています。梅屋は三四（昭和九）年一一月二三日、広田弘毅外相に日中戦争回避を進言するため千葉県外房の別荘を出たところの、三門《みかど》駅で倒れ、胃がんで急逝します。

二〇一一（平成二三）年、辛亥革命一〇〇年と日中国交正常化四〇年を記念し、長崎市の長崎歴史文化博物館で特別企画展「孫文・梅屋庄吉と長崎」が開催されました。

●梅屋と孫文が出会った香港

1869年ごろの香港の３枚組パノラマ写真

一八六九（明治二）年ごろの香港のパノラマ写真です。「山頂」と名がついた山から撮影された三枚組です。洋館が立て込み、繁栄がうかがえます。長崎を撮影した英国人写真家ベアトの写真が収められたアルバムに、追加で貼られたもので、アルバムの所有者が香港寄港中に入手した写真と思われます。対岸は九龍地区で、今は本土と三本のトンネルでつながっています。

香港は一八四二年の南京条約により、アヘン戦争に負けた清朝からイギリスに割譲されました。イギリス人の居留地として発展し、幕末には上海とともに長崎に至る外国船の中継地として栄え、開国後は日本人も多く進出しました。

米相場に失敗してアモイからシンガポールに逃れた梅屋庄吉は、天草出身の「からゆきさん」の中村とめ子と出会って写真術を習得しました。

梅屋は一八九四（明治二七）年一二月、二六歳で香港に移住し、翌年には写真館「梅屋照相館」を開業しました。場所は、現在のセントラル地区皇后大道（クイーンズ通り）東で、今は保険会社や高級アパートなどの高層ビルに囲まれた繁華街です。写真左の継ぎ目付近になります。

清朝打倒の資金集めに訪れたハワイから帰国した孫文も、革命の拠点と考えていた母校の医学校「西医書院」がある香港に戻り、一八九五（明治二八）年二月二一日、「中華を振興して国体を維持する」として香港興中会を結成、広州蜂起計画に着手します。孫文は日本の香港駐在領事だった中川恒次郎にも武器の提供を求めました。

この年、孫文は恩師であるイギリス人宣教師のジェームス・カントリー医学

上海の古城壁と大境閣。人物の半分は羽織姿の日本人。1874年ごろ撮影

博士から紹介されて梅屋照相館を訪問しました。ここで梅屋と孫文は終生にわたる盟友関係の出発となる歴史的な出会いを果たします。

●上海の望楼に羽織姿の日本人

英文の写真説明で「上海の古城壁」と書かれています。一八七四（明治七）年ごろ撮影された、上海中心部を取り巻く城壁上にそびえる大境閣（道教の寺院）です。

米海軍のR・E・カーモディ大尉がアメリカに持ち帰ったアルバムに収載されていますが、撮影者は不明です。写っている人物の半分は羽織姿の日本人です。

街を囲む堀割と城壁は古代都市の象徴でした。上海では、倭寇《わこう》の襲撃に備えて一五五三（天文二二）年から城壁と六ヵ所の門が築かれました。襲撃が収束した明時代、弓射用の高台に大境閣など四つの望楼が建ちます。

城壁の高さは八メートル。一九一一（明治四四）年の辛亥革命の後、交通や経済発展の妨げになるという理由から取り壊されましたが、大境閣の城壁は残り、九〇年代に修復され、建物も復元されて観光地になっています。

高杉晋作らを乗せた千歳丸が日章旗を掲げて上海を訪問したのは一八六二（文久二）年のことでした。六八（明治元）年には長崎の老舗陶器屋の田代源平が支店を出し、七一（明治四）年には荒木七郎が化粧道具店を、七二年には上野弥太郎らが大馬路（現・南京路）で旅館「崎陽号《きようごう》」を開業しています。

米相場に失敗し、一八八二（明治一五）年に一五歳で持ち船「鶴江丸《つるえまる》」で上海に密航した梅屋庄吉は、後に上海日報に寄稿した「わしが来た頃《こ》ろ」という記事で、「長崎県の上野という人が崎陽号という雑貨販売旅館を現在の東和洋行付近でやっておった」と書き残しています。

写真家上野彦馬が、長崎出身の鈴木忠視から広東路17号の写真館を引き継いで「上野照相館」を開業したのは一八九一（明治二四）年。後に孫文を支援する宮崎寅蔵（滔天）や池辺吉太郎（池辺三山。後の朝日新聞主筆）らがここで撮影されたのは九二年五月二八日のことでした。

●長崎—上海航路

一九二二（大正一一）年ごろ撮影された長崎港における石炭積み込み風景の写真絵はがきです（次頁）。大きな船はもとは、カップ・フィニステレ（一万四四五八トン、船客定員八五五人）という南米航路の客船で、独ハンブルクの船会社が所有していました。第一次世界大戦で賠償船として日本に引き渡され、一九二一（大正一〇）年からは東洋汽船のサンフランシスコ航路で「大洋丸」と改名して運航していました。

大洋丸は沖合に停泊し、石炭を積み込んだ小船で女仲仕が乗り付け、「天狗取り」と呼ばれたバケツリレーの要領で石炭を船腹の穴に放り込んでいます。

長崎開港の一八五九（安政六）年、英国の汽船会社P＆O（ペニンシュラ・アンド・オリエンタル）が長崎と上海を

1922年ごろ撮影された長崎港での石炭積み込み風景

結ぶ航路を開設し、七〇（明治三）年には米国の太平洋郵船会社が、横浜から神戸と長崎を経由して上海へ向かう航路を開きました。岩崎弥太郎率いる三菱汽船が横浜―上海間の定期航路を開設したのは七五（明治八）年のことです。

一八八五（明治一八）年、改称した郵便汽船三菱と共同運輸が合併して日本郵船ができます。日本郵船は外国の船会社の定期航路に対抗し、明治の終わりころから上海航路を充実させていきました。

一九二三（大正一二）年、長崎―上海間を週二回、二六時間で結ぶ日本郵船の日華連絡船として、長崎丸と上海丸（いずれも五三〇〇トン、船客定員三五五人）が就航しました。

これは画期的な出来事で、最大速力二一ノットの新航路開設により、上海は「長崎の庭」となりました。中国を訪問する旅行者や上海を中心とする日本人の中国在留者が増加し、日本を訪問する外国人旅行者も飛躍的に増加しました。ちなみに、二〇〇九（平成二一）年二月に就航した新上海航路船（一二年一〇月から運休）オーシャンローズの最大速力も約二一ノットです。

第五章　文明開化

明治天皇の西国巡幸

明治天皇は維新政府の安定を図り、人心を掌握するために地方を九〇回以上巡幸しています。六大巡幸の最初となる一八七二（明治五）年の西国巡幸は、関西から瀬戸内海、九州を巡り地方の事情を視察するものでした。

明治政府は一八六九（明治二）年に諸藩の版籍を天皇に奉還させ、七〇年に国旗を〝日の丸〟とし、平民に苗字の使用を認め、七一年に廃藩置県を実施したのですが、維新政府の原動力となった西南諸藩を中心に急激な欧化と近代化に対する士族の不満が溜まりました。旧薩摩藩主島津久光はその旧先鋒でしたが、参議西郷隆盛、陸軍少輔西郷従道《つぐみち》、海軍少輔川村純義《すみよし》ら薩摩出身の従者を引き連れた天皇の西国巡幸は、薩摩の状況を視察し久光の懐柔を試みるものでした。

「東都随一」と評価されていた写真師内田九一《くいち》は、松本良順《りょうじゅん》の推薦で海軍省から西国巡幸の公式写真家に任命されています。九一は巡幸に随行して天皇の訪問先を撮影し、海軍省を通じて宮内省に折れ本一冊の写真集を納品しました。九一が乗った船は不明ですが、行幸にはお召し艦である龍驤《りゅうじょう》をはじめ日進、春日、築波、第一丁卯《ていぼう》、鳳翔、雲揚、孟春といった維新政府の海軍の主力艦が参加しました。

旧暦の五月二三日に東京の品川沖から出発した一行は、鳥羽、伊勢、大坂、京都、小豆島、鞆津、下関を回り、六月一四日（新暦七月一九日）に長

1872年7月、天皇巡幸時に内田九一が飽の浦の高台から撮った長崎港のパノラマ。
右端写真：三菱重工業（株）長崎造船所史料館所蔵

崎に入港します。

一八七二年夏の長崎港

●浮世絵を思わせる長崎港のパノラマ

写真はこの時、お抱え写真家として随行した長崎出身の内田九一が撮影した長崎港の四枚組パノラマです。

松の木の下でたばこを吸う丁髷《ちょんまげ》姿の人物を配し、江戸時代の浮世絵のような優美な組み写真で、東京の写真家として成功した内田九一の代表作です。比較的知られた写真ですが、かつては上野彦馬の撮影と思われていました。

右端は、官営時代の長崎造船所（現・三菱重工業長崎造船所）の建物です。中央手前の海岸付近に野積みされている黒い塊《かたまり》は、船の燃料だった石炭です。左端は今も飽《あく》の浦にある恵美須《えびす》神社の境内で、イギリス船が長崎港に不法侵入した一八〇八（文化五）年のフェートン号事件の時には、長崎奉行の御用所となりました。

対岸には六五（元治二）年二月に完成した大浦天主堂や六三（文久三）年に建ったグラバー邸も見えます。海上には、龍驤をはじめとする当時の日本海軍の主力艦が停泊しています。

明治天皇巡幸時の長崎の街。1872年内田九一撮影

明治天皇は旧暦の六月一四日に到着し、三泊旧町年寄の高木清右衛門邸（現・万才町の長崎裁判所）に滞在。一七日に熊本に向かいます。

●豊かな町の熱烈な歓迎

一八七二（明治五）年、西国巡幸の途中に長崎を訪問した明治天皇一行は、長崎の人々の熱烈な歓迎を受けました。組み写真は、随行写真家の内田九一が撮った長崎の街のパノラマです。天皇の行在所が置かれた島原町（行幸を記念して萬歳町と改名された。現在の万才町）の高木邸から撮影されました。元の写真はキャビネ大三枚の鶏卵紙で、着色されています。

この時、長崎の人々は家を提灯《ちょうちん》で連結して「山」や「奉迎」の文字を浮き出させ、停泊した艦艇はイルミネーションを灯し、近郊の住民はかがり火を焚いて歓迎した、と伝えられています。

長崎滞在は、新暦の七月一九日から二二日の四日間の真夏の暑い盛りで、長崎の強い暑さをしのぐために、行在所では中国天津から購入した氷の塊《かたまり》が用意されたといいます。

左の丘陵の中腹には伊良林の亀山社中の建物が見えます。中央の山際には興福寺や皓台寺など寺町の寺院がつらなります。右端下の家の軒下には歓迎のしめ縄が吊るされています。

右の写真の中央付近の茂みは大徳寺です。中腹には「奉祝」と大書

され、両側に「奉国」「万歳」と書かれた横断幕が見えます。漆喰《しっくい》を塗った瓦屋根や白壁の土蔵があちこちに見え、天領だった長崎の町の豊かさを伝えています。

●まさに「船の博物館」

次頁の写真は国内外の艦船でにぎわう長崎港です。一八七二年ごろ、上野彦馬が南山手の高台から撮影しました。外国人居留地の地図で確かめてみると、撮影地はグラバー邸が建てられた3番地付近のようです。武器や艦船の商売に成功したグラバーは、一八六八（明治元）年に小菅修船場を造り、入港数の増えた船に石炭を売り込むために高島炭鉱の経営に乗り出していましたが、七〇年一〇月には放漫経営のため倒産しています。

港には船の停泊ルールがあるようです。長崎港に入った船は大きさに沿って、湾の奥から順番に並んでいます。五島町付近の最奥部の浅瀬には小さな和船と帆掛け舟が見えます。中間には煙突と帆が組み合わさった中型の機帆船が並び、湾中央の深部には大型の船舶が停泊しています。

船の構造をつぶさに観察すると、タービンを回してスクリューで推進する近代的な船ではなく、帆船や、蒸気船に帆の付いた機帆船、舷側で水車を回して推進する外輪船といった古いタイプの船ばかりです。

帆船は帆の数や向きによってヨットやシップ、スクーナーなどと呼ばれました。舷側で水車を回す外輪船は、スクリューに比べて耐久性が低かったようです。手前には、舳先《へさき》に帆を立てて横に目玉を書き入れたジャンクと呼ばれた唐船も見えます。最も大きなフリゲートタイプの帆船は、一列に並んで戦闘することから、戦列艦と呼

来航船舶でにぎわう明治初期の長崎港。1872年ごろ上野彦馬撮影

ばれたイギリス海軍の軍艦です。船腹の白い放列甲板から一四門の大砲の口がのぞいています。

来航船舶でにぎわう明治初期の長崎港は、さながら「船の博物館」でした。

長崎の文明開化

●高島――近代化支えた立役者

一八七三（明治六）年冬、内田九一が撮影した「高嶋」（現在の長崎市高島）の石炭積み出し風景です（次頁）。イギリス人鉱山技師モーリス（左から二人目）の指導で築かれた南風泊港先端の船着き場で、奥に見えるのは、右が飛島、左が伊王島です。

鍋島藩とグラバー商会は一八六八（明治元）年、合弁契約を結び、高島では石炭採掘のため、大掛かりな鉱山開発が進められました。日本初の洋式竪坑《たてこう》である北渓井坑《ほっけいせいこう》は、翌年この近くに完成しました。人や石炭箱を昇降する巻き上げ機を動かすには蒸気機関が、通風には風車が使われました。七三（明治六）

高島の石炭船積み場。木箱に入った石炭を手で押して運んでいる。1873年冬、内田九一撮影

年の資料によると、日産一二〇〇トンを誇り、主に大型船の燃料に使われました。

地底四四メートルから巻き上げられた木箱一トン分の石炭は、レールに乗せられ、手押しで約三〇〇メートル先のこの板張りの船着き場に運ばれます。底板を抜いて運搬船に落とし込み、長崎港内の貯炭場に運んで、大型船の船腹の穴に放り込まれました。積み込みのクレーンは無く、女仲士による「天狗取り」と呼ばれた手渡しリレーでした（115頁写真）。

一八七〇（明治三）年にグラバーに代わって共同経営者のオランダ商会が南洋井坑を開さくしましたが、政府が外国人の鉱山経営への関与を排除し、七四（明治七）年一月に国有化されました。国営時代の初代技師長は後に「肥前の炭鉱王」と称される佐賀出身の高取伊好《これよし》でした。内田九一は官営化に備え、政府から現地撮影を依頼されたように思われます。

次に払い下げを受けた後藤象二郎も経営に失敗し、一八八一（明治一四）年には福沢諭吉の斡旋で、三菱の岩崎弥太郎に譲渡されます。その後、「高島炭坑事件」と呼ばれる炭坑労働者への虐待が露呈します。高島

飽の浦の工部省長崎工作分局。1879年ごろ上野彦馬撮影

における近代産業の発展は日本近代化の光と影を象徴しているようです。

●長崎製鉄所——外国人招き技術移植

一八七九（明治一二）年ごろ、上野彦馬が撮影した飽の浦の工部省長崎工作分局です。現在の三菱重工業長崎造船所の前身に当たります。

オランダのお雇い技術者ハルデスらにより建設が始まった長崎鎔鉄所《ようてつじょ》は、一八六一年（文久元）春に長崎製鉄所として完成します。明治維新で六八年に江戸幕府から明治政府に移管され、何度か名前を変えながら七七（明治一〇）年に工部省工作分局となります。従って撮影時は官営でした。

初期の長崎製鉄所は、石炭を燃料として鉄を精錬する鎔鉄場、鉄を鍛える鍛冶場、蒸気機関の動力で機械を加工する工作場の三工場が組み合わさっていました。一八七四（明治七）年八月の大台風により木造の建物を中心に大きな被害が出ましたが、ご覧のように七九年ごろには復旧を遂げて近代的な姿に変容しています。

突堤に設置されているのは一八七七年に完成した五〇トンのクレーンです。その左の石炭置き場だった場所には洋館の事務所が建てられています。事務所の手前、玄関に突き出しのある建物は、ハルデスが日本初の鉄製トラス小屋組で建設した煉瓦造りの轆轤《ろくろ》盤《ばん》細工所（工作場）です。この建物は台風でも倒壊しませんでした。

水際の大きな建物は機械囲所（機械置場）です。一八七七年には、その背後に新しい鍛冶場や銅工場などが建てられました。白い煙は七六年に完成した新しい鋳物場から吐き出されているようです。

左の丘に見える洋館は、七四年四月に落成したお雇い外国人の宿舎です。

このころのお雇い外国人は、フランス人の建設師長ワンサン・フロラン、英国人の機械師長フランクロベルト・ストリー、同じく英国人の機械師補ジョン・デキソンと水夫頭目ダグラス等でした。重化学工業の最先端の技術や知識、機械を外国から移植し、一八八四（明治一七）年七月には岩崎弥太郎率いる三菱に払い下げられました。

1894年の三菱長崎造船所第１ドック（立神ドック）と修理中の軍艦松島

●三菱長崎造船所第一ドック

艦船の建造、修理のために一八七九（明治一二）年、立神《たてがみ》に完成した三菱長崎造船所の第一ドックです。フランス人技師のワンサン・フロランが設計指導にあたりました。長さ一三九メートル、幅二七メートル、深さ八メートルの本格的なドックです。

写真の右隅に「B208 TATEGAMI DOCK

NAGASAKI」と印字されています。

この五、六年前に撮影された同じアングルの写真と比べてみると、工作に関わる建物が充実しています。左の洋館はドックハウスです。ドックで修理中の船の船員や検査員が休息や宿泊する施設でした。現在グラバー園に移築されている三菱ドックハウスは一八九六（明治二九）年に建造された第二ドックのものです。

一九〇五（明治三八）年には第三ドックが岩瀬道の谷に建造されます。第二ドックと第三ドックに挟まれた岩瀬道の丘には〇四年五月、木造洋館二階建ての豪華な所長宅が完成します。〇五年、修理する軍艦の艦長としてここに宿泊した東伏見宮親王が「風光景勝を占める」という意味を込めて「占勝閣」と名付け、以後三菱の迎賓館となります。

写っている船の形を照合してみると、一八八九（明治二二）年にフランスの造船所が建造した日本海軍の巡洋艦松島（四二七トン）です。一八九四年の日清戦争の黄海海戦で被弾し、誘爆により大破したあとの修理でした。松島は長さ八九・九メートル、幅一五・三メートル、速力は一六ノットでした。九九年に要塞地帯法が制定されるまでは、軍艦を自由に撮影できました。

●町年寄の屋敷、諸藩の蔵など健在

一八七五（明治八）年に長崎に立ち寄ったアメリカのアジア艦隊の海軍大尉R・E・カーモディが持ち帰ったアルバムの一枚です。大徳寺付近からその頃の市中心部を撮影しています。

薩摩屋敷の本屋（現・銅座町、左端の木の右横）は既に無く、そばの蔵と長屋が面影を伝えています。台風から瓦を守る漆喰と土蔵の白壁が目立ち、江戸時代の中心部の建物がまだ健在です。背後は、最初に街ができた「長崎」の丘で、一六九九（元禄一二）年までは内町《うちまち》と呼ばれました。ここには町年寄の屋敷や唐通事会所、蘭通詞会所、諸藩の蔵屋敷など、行政や唐蘭貿易に関わる重要な建物が軒を並べていました。

明治初期の長崎市街中心部。背後の丘には町年寄の屋敷や諸藩の蔵屋敷などが見える。1874年ごろ撮影

丘の左奥は高島（現・長崎家庭裁判所付近。本屋は喪失して蔵だけ）、中央の二つの窓が付いた白壁の蔵の左の大きな建物は高木（現・長崎地方裁判所付近）、右は後藤（現・長崎地方検察庁付近）の各町年寄の屋敷です。その右は坂本龍馬が寄宿した長崎の勤王家、小曾根《こぞね》家（現・長崎法務合同庁舎）の屋敷の場所です。

さらに目を右に転じると、石垣上の大きな屋敷群の左は小倉藩（現・農林水産省長崎食糧事務所付近）、右は長州藩（現・県自治会館付近）の蔵屋敷です。屋敷に挟まれた道は両藩が挟む関門海峡の巌流島にちなんで巌流坂と呼ばれていました。

この一帯は一八七〇年代後半から、近代を象徴する裁判所や学校に姿を変えています。

●洋風の官庁街に変容

一八七八（明治一一）年ごろ、風頭《かざがしら》から撮ったパノラマ写真です（次頁）。撮影者は上野彦馬と思われます。

写真左に二つ並んだ白く大きな洋館は裁判所で

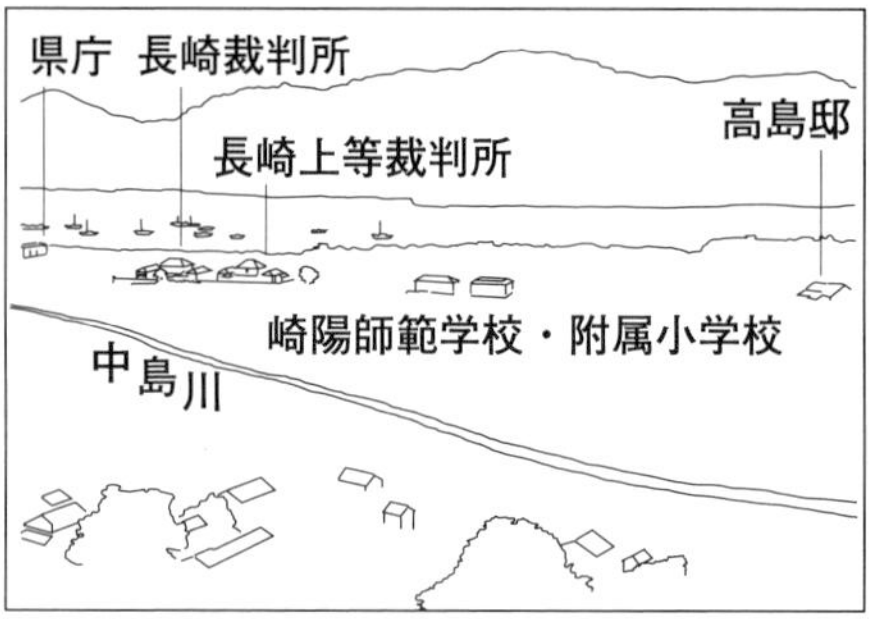

1878年ごろの長崎市街地。
上野彦馬撮影か

す。左側は長崎裁判所で、一八七四（明治七）年一二月に旧町年寄の高木邸跡に新築されました。右側は長崎上等裁判所で、九州で唯一の上級裁判所として七五年六月に開庁しました。ここは八六（明治一九）年に長崎控訴院と改称されます。

左端の海のそばには、一八七六（明治九）年一二月に旧奉行所の跡地に建った二代目の県庁舎が半分見えます。初代の県庁舎は七四年七月に新築されましたが、わずか一ヵ月後に長崎を襲った台風により倒壊しました。

写真中央、二つ並んだ白い大きな洋館は学校です。崎陽師範学校と附属小学校で、一八七七（明治一〇）年一一月、新町の旧小倉藩蔵屋敷の跡地に建ちました。

右端の木の横にある大きな屋根は旧町年寄の高島邸です。ここにはその後市役所が建ちます。江戸時代、旧内町にあった奉行所や町年寄の屋敷、諸藩の蔵屋敷は、一八七四年ごろから行政、司法、教育の近代建築に取って代わり、丘の上に直線的な官庁街を形成します。長崎の景観は和風から洋風へと変容していきます。

裁判所と学校の手前に、一直線の石垣が見えます。石垣の上は旧内町で、下は商人が住む旧外町でした。旧外町の中央には、中島川が横切っています。

1878年ごろの長崎裁判所（中央左）と長崎上等裁判所（右）。前頁の写真を拡大

●二つの裁判所、肩並べ文明開化象徴

一八七一（明治四）年八月、明治政府は律令制をまねた刑部省と弾正台を廃止し司法省を設置します。翌年八月から府県裁判所が設置され、七四（明治七）年一月八日に県庁前の萬歳町四五番地に長崎裁判所が開設されました。同年七月には、平戸、福江、厳原《いづはら》に区裁判所ができます。

長崎裁判所は庁舎新築のため聖福寺（当時は筑後町、現町名は玉園町）に一時仮庁舎を置いた後、同年一二月二二日、萬歳町二番地の旧町年寄高木邸跡（現・長崎地方裁判所の場所）に、写真左側の新庁舎が完成しました。木造瓦葺き三階建ての母屋に平屋二棟の翼屋を配したハイカラな洋風建築で、近くの県庁とともに明治政府の威光を象徴していました。総工費約八万円、広さは一四二二平方メートルありました。

一八七六（明治九）年、府県裁判所としての長崎裁判所が廃止された後、広域の長崎地方裁判所として再開庁され、長崎、福岡両県（佐賀は七六〜八三年まで長崎に合併）の裁判を管轄しました。八一（明治一四）年には長崎始審裁判所と名前が変わります。

同形の右の建物は、長崎上等裁判所と呼ばれた九州で唯一の上級裁判所でした。一八七五年四月に大審院が創設され、同年六月、長崎裁判所内に長崎上等裁判所が開庁し、九州各県裁判所から送られてくる控訴事件を裁きました。ツイン庁舎の片割れとなる上等裁判所の新庁舎が萬歳町一番地の旧町年寄後藤邸跡に建築されたのは、七五〜七六年ごろと思われます。八一（明治一四）年には長崎控訴裁判所、八六年には長崎控訴院と改称され、一九四五（昭和二〇）年八月に福岡市に移転します。

長崎の文明開化のシンボルであった二つの洋館裁判所は、戦前長崎と九州の大事件を裁く舞台でしたが、原爆により焼失しました。

1878年ごろの県師範学校と附属小学校

●師範学校の変遷——洋館に附属小を併設

一八七八（明治一一）年ごろ、風頭から撮ったパノラマ写真（128頁）を拡大しました。白い大きな洋館は県師範学校と附属小学校です。どちらが小学校にあたるかはわかりません。その間の奥の、二本の旗竿が立つ大屋根の建物は興善小学校です。現在は長崎市立図書館となっています。

一八七四（明治七）年二月、勝山小学校内に置かれた小学教則講習所が、小学校教員を養成する県師範学校の始まりでした。翌年、養成所と改称されて興善小学校内に移転し、七六（明治九）年には長崎公立師範学校となります。

さらに一八七七（明治一〇）年四月、崎陽師範学校と改称され、一一月に新町の旧小倉藩蔵屋敷跡に新築された校舎がこの写真の建物です。一二月には同校内に附属小学校が開設され、七八年一月に開校式が挙行されました。県師範学校となるのは六月からです。

これに先立つ一八七四（明治七）年、旧長崎奉行所東役所内の長崎外国語学校の敷地に国立の長崎師範学校が設立されました。七八年二月に廃止され、県師範学校に引き継がれました。

一方、一八八四（明治一七）年、西浜町に県女子師範学校が新設され、八六年には県師範学校に統合されて女子部となります。女子部は本県初となる幼稚園を併設しました。

一八七二（明治五）年に学制が定まります。長崎では七三年に向明《こうみょう》（のちの勝山）、啓蒙（のちの榎津《えのきづ》、磨屋《とぎや》）、楓川《かえでがわ》（のちの中島）の各小学校が開設され、七四年には山里、興善の両小学校が創立されました。

当時、小学校の授業料は月に五銭でした。七七年からは一〇銭とされ、貧しい家庭や複数の学童がいる場合は減額されました。米一升が五銭のころですから、結構な負担です。

師範学校は八九（明治二二）年に馬場郷へ新築移転し、さらに一九二三（大正一二）年に大村へ移転して長崎大学教育学部のルーツとなります。

●長崎医学校の草創に尽力したオランダ人教師

次頁の写真は一八七一（明治四）年ごろ撮影された長崎医学校の三人のオランダ人教師です。左から教頭のC・G・マンスフェルト、小学科のA・J・C・ヘールツおよび大学本科のW・K・M・レウエンです。マンスフェルトの子孫から提供された新収のアルバムに収載されています。

マンスフェルトはアントニウス・ボードインの後任として、一八六六（慶応二）年七月に近代的な医学校・病院である精得館（旧小島養生所）に来着し、出島の外科部屋を宿所としました。在任が明治維新と重なったため、新政府に没収された精得館の混乱に巻き込まれます。学頭の長与専斎と協力して教育改革に努め、六八（明治元）年

長崎医学校の３人のオランダ人教師。
1871年ごろ撮影

一一月に発足した長崎府医学校で教頭として解剖、組織、外科、眼科などを教えました。

　マンスフェルトの教育改革は、ボードインが創設した分析究理所の理化学教育を基礎の小学科とし、専門の大学本科から区別するもので、大学教育における教養と専門の区分の始まりでした。

　ユトレヒト陸軍軍医学校の教官ヘールツは、小学科の教師として一八六九（明治二）年七月に来崎し、幾何学、物理学、化学などを教えました。税関の依頼で輸入キニーネなどの薬品検査を実施し、薬品試験場の必要性を説きました。医薬品の品質規格書である薬局方のオランダ文起草案は、七七年に長崎税関経由で政府に提出され、近代日本の薬事行政の基礎となります。

　レウエンは、一八七〇（明治三）年一二月に長崎医学校の本科の教師として着任し、七九年一二月までの九年間、病理、内科、眼科、産科の臨床と講義、専門基礎の解剖、組織、生理を教えました。受け取っていた月給四〇〇ドルというのは、今のお金に換算すると二八〇〇万円くらいの高給となります。

　この写真を焼き付けた鶏卵紙の大きさは二九〇×二二五ミリと大判なので、カメラは大型です。商業写真家の上野彦馬が出張して医学校の校舎の前で撮影したように思われます。

●医学校の附属病院——日本初の近代的施設

お雇い外国人医師だったオランダ人マンスフェルトが一八七一（明治四）年ごろ、自分の小型カメラで撮影した長崎医学校の附属病院です。先任のオランダ人医師のポンペの建白により、六一（文久元）年八月一六日、小島郷に開院した日本初の近代的な病院、小島養生所の後身です。

病棟は上から見るとH字形になっていました。病室の通風のためです。左奥の煙突が付いた建物は医学所（学校）です。

ポンペの『日本における五年間』（オランダ語版は一八六七年）によれば、八つの病室と、四つの隔離患者室、手術室にベッド一二四床がありました。薬品、機械類、図書などの備品室、料理室、病院事務室、当直医室、浴室の各部屋と、散歩用の庭園が設けられた西洋式病院でした。医学所には教室と寄宿舎がありました。

病院は国内の患者だけではなく、居留地に住む外国人や、入港する船舶の外国人水夫も診療しました。

病院の回診では、包帯学、処方箋の記載、調剤、食事と入浴の監督、病歴簿や日記の記入などが教育されました。

ポンペによれば、強い酒の飲み過ぎや熱湯に入りすぎることによる心臓病、寒暖の差に耐えられない不合理な衣服のために発症

長崎医学校の附属病院。1871年ごろマンスフェルト撮影

長崎医学校科学薬剤部の建物とヘールツ。
1871年ごろマンスフェルト撮影

する気管支疾患や肺結核、頭を洗わず散歩をしない生活習慣や、治療法を知らないために悪化する眼病が、日本に多い疾病でした。

マンスフェルトは明治維新の渦中にあって長与専斎と協力し、長崎裁判所判事となった井上馨を説得して医学校の規律を再建します。解剖を重視し、基礎から臨床を積み上げる新カリキュラムの体系を整備しました。マンスフェルトは出島11番の私宅から、馬でこの病院に通いました。

●医学校科学薬剤部とヘールツ

一八七一（明治四）年ごろ、マンスフェルトが撮影した長崎医学校の科学薬剤部です。オランダ語で「科学と薬剤の学部」と写真説明が書かれています。前身の分析究理所は、日本初めての理化学の学校でした。

格子の窓ガラスとベランダは洋風で、屋根瓦や木製の雨どいは和風です。港を眺める屋根の展望台に上る階段は、ベアトが撮影した初期の写真には無いので、この直前に取り付けられたようです。入り口には、オランダ国旗をデザインしたようなハタ（長崎独特の凧《たこ》）が掲げられています。

階段に立つ人物は、ヘールツです。

先任のボードインは医学教育の基礎となる化学（分析）と物理（究理）の必要を痛感し、奉行の服部左衛門佐を通じて幕府に建白し、分析究理所の建物が一八六四（元治元）年八月に完成しました。建築を請け負ったのは新大工町の薄井佐吉、大串屋長次郎、福井屋直助の三人の大工でした。

ボードインの薦めで専任教授としてオランダからK・W・ハラタマが着任し、化学と物理を教えました。元素表を使い、実験で学生を驚かせ、化学志望の学生には実験道具を作らせたと伝えられます。

分析究理所は教育のほかに、それまで奉行から長崎製鉄所に依頼されていた不明物質の成分分析、通貨として の偽銀の鑑定、各藩から送られてくる鉱産物の分析などに取り組みました。一八六九年五月、ハラタマは我が国第二の近代病院となる大坂病院を経て大坂舎密局（理化学所）に転任し、分析究理所は廃止されました。

写真が撮影された維新の混乱後は、マンスフェルトと長与専斎の学校改革により長崎医学校の予科（小学）を教える科学薬剤部として再利用されます。

●長崎駅舎――初代、二代とも原爆で焼失

次頁上の写真は一八九九（明治三二）年ごろ撮影された長崎駅です。初代の長崎駅舎は九七年七月二二日、今の浦上駅がある山里村に完成しました。長与―長崎に開通した九州鉄道の長崎の終点です。今の長崎駅付近は、まだ埋め立ての最中で、海の中でした。

同年七月一〇日には武雄―早岐《はいき》間が開通し、早岐―時津間に汽船が通っていたので、長崎から佐賀方面に行く乗客は道ノ尾駅で降りて人力車などで時津に出る必要がありました。

長崎駅の初日の乗客数は四九四人、料金収入は全部で五八円三〇銭五厘だったと記録されています。拡大すると看板には「長崎駅」、立て札には「ながさき」の字が読めます。人力車の車輪にはまだゴムが無いようです。長崎で車輪にタイヤが付くのは、一九〇四（明治三七）年ごろからです。

浦上の初代長崎駅。1899年ごろ

台場町の２代目長崎駅。大正期

車夫や駅の横に立つ医学生の服装、和風の茶店の赤い敷物が当時を偲ばせます。この駅舎は一九四五（昭和二〇）年に原爆で焼失しました。

下の写真は、線路が浦上から市内に延びた後、一九一二年に台場町に建設された二代目の長崎駅です。ドイツ風コテージ式二階建ての木造駅舎で、二階には貴賓室が設けられました。これは三一（昭和六）年に廃止され、レストランの共進亭となります。三〇年には出島岸壁に至る一・一キロメートルの臨港鉄道が開通して長崎港駅が建設され、上海に向かう連絡船に接続する本土の終着駅となります。

二代目の長崎駅舎も原爆で焼け、一九四九（昭和二四）年に、三角屋根とステンドグラスを備えた三代目の駅舎ができました。この駅も老朽化のため、二〇〇〇（平成一二）年にはドーム状の屋根がある現在の明るい四代目の駅舎に建て替わりました。

第六章　江戸の残像、明治の光

自然に溶け込む人々の暮らし

江戸時代の終わりから明治期に撮影された古写真に、自然に溶け込む人々の暮らしを観察できます。家の建築材料は木と石と紙でした。四季が明確なモンスーン地帯で、木と森と水に恵まれた日本の特質でしょう。田舎の家は藁葺《わらぶ》き、町家は瓦葺きでした。風で飛ばないように瓦をとめる漆喰《しっくい》は、米のりや海草のりを石灰に混ぜたもので、漆喰屋根と白壁の土蔵は金持ちのシンボルでした。道路は土が剝き出し、雨の日にはぬかるみました。長崎の市街では石の排水溝や敷石の歩道がみられました。井戸のかわりに水源から木樋でつながれた水道も普及していました。

雨具は茅《かや》・菅《すげ》などの茎や葉、藁や棕櫚《しゅろ》などを編んだ蓑傘《みのがさ》で、やがて和傘が登場します。幕末には欧米から蝙蝠傘《こうもりがさ》が輸入されます。高下駄は雨の日の履物《はきもの》で、御《お》高祖頭巾《こそずきん》は女性の雪衣装でした。手甲脚絆《てっこうきゃはん》は旅の装束でした。歩くことがあたりまえでしたが、身分の高い武家や公家、歩けない旅人には駕籠が普及しました。牛馬は農耕に使われましたが、馬車や牛車はさほど普

1864年、ベアトが撮影した中島川上流の風景。
上野彦馬邸の前あたりから下流を撮影した

及していません。乗馬は高級武士のわきまえでした。人力車が登場するのは明治になってからです。

四方を海で囲まれていたため船が重い物の重要な運搬手段でした。手漕ぎの天馬船から千石船と呼ばれた一五〇トンほどの帆船まで、近場を巡るイサバ船や全国を回遊する廻船が発達しました。幕末には蒸気で走る外輪船や機帆船が輸入され、明治になると鉄道が重要な運搬手段となります。

幕末には武士と町人、百姓といった身分で服装が違いました。織物の質や刀の数で武士のなかでも上下が判断できます。炊事道具、調味料は自給するか行商から手に入れていました。町のお店には陶器や呉服、雨具などの生活用品が観察できます。

町家の家中は質素で、畳の部屋には火鉢や煙草盆《たばこぼん》が置かれ、床の間には生花や掛け軸が掛けられるくらいでした。炊事には俎板《まないた》、包丁、鍋、杓子《しゃくし》といった簡単な自然素材の道具が使われ、ご飯や総菜を盛る器も料理の材料も質素でした。洗濯は木の盥《たらい》、掃除の道具は箒《ほうき》、はたき、塵取りと簡単でした。宴会、踊り、習字の習い事などもこの時期の生活風景でした。

女性の活躍

●長崎の三女傑

シーボルトの娘楠本《くすもと》イネ（一八二七〜一九〇三）、幕末の茶商大浦慶（一八二八〜八四）、日ロ交流の立役者道永栄（一八六〇〜一九二七）は長崎の三女傑とされます。

商家の娘楠本瀧《たき》が、丸山の遊女其扇《そのぎ》に名を変えてシーボルトの「長崎妻」となり、混血の私生児として生まれたのがイネでした。シーボルトが追放されたあとオランダ医学を志し、門弟の二宮敬作と石井宗謙から産科を学びます。石井の暴力で妊娠するのですが、堕胎を選ばず自分も私生児たかを産み、苦労して育てます。再来日したシーボルトの紹介で、二二歳から長崎の医学校でポンペ、ボードイン、マンスフェルトのもとでさらに産科学に磨きをかけます。築地で産院を開業し、宮内省御用掛として産科の腕を発揮するのですが、一八七五（明治八）年の医師学術試験は女性の受験を許さず、女医への道が閉ざされます。長崎で助産院を開業したあと、八四年に試験の門戸が女性に開かれるのですが、すでに高齢でした。女医の第一号は試験に合格した荻野吟子でしたが、イネは実質的に日本最初の西洋医学の女医であり、女性が社会に進出する先駆けでした。

大浦慶：長崎歴史文化博物館所蔵

　大浦慶の生涯も女性が社会に進出する苦闘の連続でした。婚約者や近親者を失い油屋の当主となった慶は、二六歳の時に通詞品川藤十郎を介してオランダ人テキストル経由でウィリアム・オルトから大量の茶の注文を受け、幕末に茶商として成功します。子孫から坂本龍馬の名刺写真が出ていることから、龍馬等の勤王運動を支援したことは事実のようです。一八七一（明治四）年、品川の勧めで熊本藩遠山一也の煙草取引の保証人となり、オルト商会からの手付金三〇〇〇両を詐取されます（遠山事件）。裁判は県の役職にあった品川をかばう不当なものでした。裁判後も事業家の杉山徳三郎などに支援されて東京進出を果たし、海軍省から高尾丸の払い下げを受けるなど、活動は衰えなかったようです。八四年に亡くなる直前、「婦女の身をもって率先製茶の外輪を謀る其功特に著し」と評価されて、功労金を受領しています。

　道永栄はロシア人を相手とするホテル業の成功者でした。両親と死別し、からゆきさんの島天草の大矢野島から一二歳で茂木に女中奉公に出たお栄は、稲佐の料亭ボルガの諸岡まつを紹介され、ロシアの将校クラブで働き、ホテルに出会います。ロシア語を独学で覚え、ロシア人将校をスポンサーとしてウラジオストクや上海を旅行し、大陸浪人曽根俊虎と結婚してすぐ離婚するなど多感な二〇代を経て、ロシア人相手のホテル「ヴェスナー」を開業したのは二九歳の時でした。茂木や大浦にも支店を出しています。一八九一（明治二四）年のロシア皇太子ニコライ二世来航時にはこれを接遇し、日露戦争の時にはスパイの嫌疑を受けながら、ロシアの陸軍大臣クロポトキンや将軍ステッセルを平戸小屋のホテルに滞在させました。

長男を抱いたお栄：長崎文献社所蔵

女性差別のなかで毅然として実業に携わり、ハンディキャップを跳ね返してたくましく生きた三人の活動を可能にしたのは、グローバル都市長崎という舞台でした。

●明治初期の女性

一八六九（明治二）年二〜一二月、オーストリアの探検隊の一人として来日した写真家ウイルヘルム・ブルガーが、上野彦馬のスタジオを借りて撮った長崎の女性たちのステレオカードです（次頁）。椅子、欄干、飾り台は、そのころに拡張された彦馬の新しい写場の小道具で、これらによって撮影時期が特定されます。

写されているのは、長崎の明治初期の普段着の女性たちで、彦馬の知り合いかと思われます。目線があちこちを向いています。これは彦馬が好んで使った手法であることから、実際に撮影したのはブルガーでなく彦馬の可能性もあります。前列右の女性は手を袖に隠しています。写真に撮られると魂が吸い取られるという迷信が、当時、まだ一部に生きていたようです。

1869年、上野彦馬のスタジオで撮った明治初期の長崎の女性たち。
二眼のステレオカメラで撮影されていて、立体映像を楽しめる

二眼のステレオカメラで視差をつけて撮られた二枚組の写真を、カードに貼り付けています。ステレオビュアーというのぞき眼鏡で見ると、人物が前に浮き出し、背景が退いて立体像が浮かび上がります。今はやりの３Ｄです。二枚の写真の真ん中に手のひらを立て、左右の像を同時に見ても立体写真が楽しめます。お試しください。

一八六〇（万延元）年、イギリスのネグレッティ・アンド・ザンブラ社の特派員として長崎を訪れたスイス人のピエール・ロシエも、同じ方式で、長崎をはじめ開国後の日本各地をステレオカードに仕立ててヨーロッパで販売しました。これを見た人は、居ながらにして日本旅行を立体的に疑似体験できたわけです。

●料亭富貴楼——伊藤博文が名付け親

上野彦馬と内田九一がそれぞれ撮影した上西山の料亭富貴楼（写真中央の石垣の上）付近です。背後は松森神社の茂み。旧藩主長崎氏の屋敷の大手門が近くにあったことから「堂門川」とも呼ばれた、中島川支流の西山川沿いから撮影しています。左側は下西山、右側は片淵です。左側には水車が見えます。

左頁上の写真はボードイン・コレクションの小型アルバムに

1873年、内田九一が撮影した富貴楼付近

1873年ごろ、上野彦馬が撮影した富貴楼付近

収載された市販の名刺写真です。一八七三（明治六）年、長崎を再訪した九一が撮影しました。長崎大学附属図書館には、原板に近い同じ写真の大判着色写真もあります。

前頁下の写真は一八七三（明治六）年ごろ、同じアングルから彦馬が撮影した大判写真です。英国人写真家ベアトが重視した構図のバランスが二人の巨匠の撮影に現れています。

富貴楼は一六五五（明暦元）年ごろ、料亭吉田屋として創業しました。吉田屋の後継者嘉一は一六八〇（延宝八）年にこれを拡張して千秋亭を興し、初代を名乗りました。文人で狂歌師の蜀山人（大田南畝）は、長崎の思い出を記した「瓊浦雑綴《けいほざってつ》」に千秋亭の献立を書き残しています。

卓袱《しっぽく》料理を提供する千秋亭は幕府や諸藩の接待に利用され、幕末には岩崎弥太郎や才谷梅太郎（坂本龍馬の変名）も利用したと言われています。

一八八七（明治二〇）年に、女将の内田トミがこれを継承して富士亭を名乗ります。八九年に来訪した伊藤博文は前庭の富貴な牡丹を愛で、トミの求めに応じて「富」の字と掛けて富貴楼と命名しました。皇族や明治の元勲、大官、県の役人や三菱の重役などがよく利用したようです。風情ある建物は二〇〇七（平成一九）年に国登録有形文化財に指定されました。

●西洋料亭「福屋」――日本洋食料理店の創始

横浜でベアトのスタジオを引き継いだオーストリア人写真家スチルフリードが、一八七七（明治一〇）年ごろ編集したアルバムの一枚。小島郷（現・中小島公園）にあった西洋料理店福屋です。丸山遊廓の背後にありました。

福屋は一八五九（安政六）年六月、中村とめが開業したとされます。『北海道西洋料理界沿革史』によれば、函館の店とともに、日本洋食料理店の創始とされています。

居留地研究の草分けである郷土史家浜崎国男は『長崎異人街誌』で、福屋は「明治一五～一六（一八八二～八三）

年ごろ、中村藤吉が開業した純オランダ式の料理を提供する長崎三大西洋料理店の一つであった」と述べています。出島のオランダ人から料理方法を学んだ藤吉は、とめの近親者ではなかったかと思われます。当時の長崎三大洋食屋は福屋の外、馬町にあった自由亭、西浜町にあった清洋亭（精洋亭）でした。

藤吉は一八六九（明治二）年に料理店として日本家屋（中央奥）を上棟。七五年には、屋根の構造が和風で壁が洋風の擬洋館（前面）を増築し、細部に洋風の装飾をほどこしました。洋風の部屋にはコロニアル（植民地風）なベランダと手摺を付けた瀟洒《しょうしゃ》な建物でした。内部は鳳鳴館と呼ばれた一〇〇畳の大広間でした。

各国領事や有名人の夜会やダンスパーティーが開かれ、一八七九（明治一二）年六月には、世界旅行の途中で長崎に立ち寄った、アメリカの前大統領グラント将軍に食事を出しています。孫文が国賓として来崎した一九一三（大正二）年には、ここで市主催の歓迎会が開かれています。

1877年の西洋料亭「福屋」。スチルフリード・アルバムより

丸山の遊廓松月楼にも洋食を仕出していました。一八八一（明治一四）年ごろ、松月楼主の弟、萩原鱗代平を養

1864年ベアト撮影の麹屋町の筋。当時の家屋の状況がよくわかる。正面は興福寺の鐘鼓楼

子に迎えます。この鱗代平はフランス料理に転向し、福屋の繁盛は九〇（明治三三）年ごろ全盛期を迎えますが、結局一九一〇年前後に閉店します。

今は庭園の一部石垣と階段が残るのみです。

変わる町並み

●麹屋町――石と木と紙の造形

坂本龍馬が勝海舟に従い、豊後から九州を横断して長崎を訪問した一八六四（元治元）年の春、ベアトはこの麴屋町の筋を撮影しました。湧水に恵まれ、味噌、醤油、酒の麴を作るところから、正保年間（一六四四〜四八）にこの町名となりました。長崎の街中を写した最古の写真として貴重です。

背後の山は風頭《かざがしら》。正面は興福寺の鐘鼓楼です。左上の建物は興福寺の永福庵ですが、現存しません。

木造の民家の屋根は瓦葺きもありますが、板葺きが多く、左の民家には石置き屋根も見えます。どの民家も軒先の庇《ひさし》に「尾垂れ」と呼ばれた雨の水切りの横板を垂らしています。左の民家には京風の格子や出っ張りが見え、往時の長崎の町家の構造がわかります。石と木と紙による町の造形は新鮮です。

通りに人影が見えますが、撮影に五～六秒かけているためぶれています。雨の日にぬかるまないように綺麗に御影石で舗装されていることにも驚きます。後方の石段は明治初期に人力車が通るようになって、スロープに変わります。店先には「バンコ」と呼ばれた折り畳床几《しょうぎ》が置かれ、道端には鶏を飼う丸い鳥かごも見えます。

麹屋町は金毘羅山麓や西山と共に江戸時代には湧水の地として知られ、綺麗な水が麹職人や染め物職人を育てたのですが、町では今も麹屋さんが一軒頑張っています。

町の昔の諏訪祭礼の奉納踊り「お茶献上行列」は、この湧水に由来していたようです。また「飴屋の幽霊」として知られる長崎昔話は産女の幽霊に飴を恵んだお礼にこの町に井戸（舗道の左脇に見える）が湧いたという物語です。

●浦五島町と大黒町

一八七三（明治六）年、内田九一が撮影した和船の停泊地の浦五島町と大黒町付近です（次頁）。出島の端から撮影されています。今の長崎市の出島ワーフからＪＲ長崎駅付近にあたるのですが、まだ埋め立て前のため山が海に迫り、何処だか戸惑う風景です。

幕末、長崎に入港した大型艦船は、出島から見て港口の沖に停泊しました。沿海を結ぶ和船や近郊を結ぶ小舟は、出島から湾奥に係留されました。この写真から、明治初期の長崎港奥部における和船の係留地と、さまざまな和船の種類を観察できます。

手前の伝馬船の積み荷の俵の上には、船頭と人夫が昼寝をしています。拡大すると、のんびりとした表情まで

1873年、内田九一が撮った浦五島町と大黒町付近。さまざまな和船が係留されている

わかります。服装は夏ではないので九一が七三年に再訪した時の撮影と推測されます。中央には人を運ぶ屋形船が見えます。帆柱を立てた大きな船は「廻船」と呼ばれた千石船です。積載能力は約一五〇トンぐらいでした。北海道から昆布を運んだ北前船も交じっているはずです。

背後の立山の下辺には、本蓮寺と福済寺が小さく見えます。寺院の裏は墓地で、クローズアップすると頂上付近まで段々畑が続くのがわかります。山の上まで利用しつくす長崎の風景は、当時から変わりません。

岸辺には石堤が築かれ、浦五島町には諫早、深堀、福岡、柳川、大黒町には島原、平戸、佐賀といった諸藩の蔵屋敷が軒を並べています。波止場には近代風のランプや滑車、手押し車も見えます。この写真では小さすぎて見えませんが、拡大すると、左端には佐賀藩蔵屋敷の台場の砲台がかすかにのぞいています。

国際航路と共に内国航路の拠点として栄えていた長崎の明治初期の様子を撮影した貴重な写真です。

明治初期の樺島。多くの漁船が停泊する。1874年ごろ上野彦馬撮影

●樺島湊のにぎわい

一八七四（明治七）年ごろ、上野彦馬が撮影した長崎半島先端の樺島湊です。現在の長崎市野母崎《のもざき》脇岬《わきみさき》の南方三〇〇メートルにある周囲七・五キロの島の入り江です。リアス式海岸の「溺れ谷」であるため、湾の奥行きが八〇〇メートルと深く、良港だったのですが、山は険しく平らな場所がないため、集落は岸辺に迫っています。

江戸時代には浦見番の役所が置かれ、長崎の外港として繁栄しました。幕末の国文学者で諏訪神社の宮司でもあった中島広足は、「樺島浪風記」（一八二八＝文政一一年）で「ここを通る船は必ずこの島に寄って潮を待ち　風をうかがう」と記しています。停泊するたくさんの小舟は樺島湊の当時のにぎわいを伝えています。

左の山すその白いかたまりは墓地で、下の山端には無量寺の本堂の屋根が見えます。この本堂は一九二七（昭和二）年に火事で焼失し、六年後に再建されました。左の集落は古町、対岸は新町で曲型的な漁村集落だったのですが、隣と軒がつながっているため火事に弱く、たびたび大火に襲われています。山の際から湧く水は共同の井戸となり、そこに住みついた大ウナギは有名です。

機帆船が発達する一八八二（明治一五）年以前には、長崎港を別格として島原湊、口之津湊に次ぐ大きな港町であり、江戸時代から水夫相手の遊女屋がありました。同年には「貸座敷」が認められ、遊女が三九人いたと記録されています。イワシやボラの漁港であり、めざしや煮干し、からすみの産地として知られ、今でも赤煉瓦の煙突の加工場跡や干し棚が目立ちます。海難事故も多く、船幽霊の話などが伝承されています。

一九八六（昭和六一）年、港口の島（左）を土台にして樺島大橋が架かり、渡船の時代が終わりました。

1878年ごろの中島川周辺の家屋敷

●富を象徴する白壁の土蔵

一八七八（明治一一）年ごろの中島川付近の写真（128頁）を拡大してみました。

中央を横切る中島川沿いには、右から魚市橋、眼鏡橋、袋橋、古川橋（現・常盤橋）の四つの石橋が見えます。魚市橋は手前の諏訪町と今魚町、眼鏡橋は磨屋《とぎや》町と酒屋町、袋橋は銀屋町と袋町、古川橋は本古川町と本紺屋町を、それぞれつないでいました。

戦前の長崎では町名は通りをさし、筋向かいの家々で一つの町を構成していました。江戸時代には町の入り口に門が設けられて辻番の小屋が立ち、夜間は警備で門が閉ざされました。

それぞれの通りに挟まれた中央に白い建物が並んでいます。これは、通りに面した屋敷の背後に建つ土蔵群です。立ち並ぶ白壁の土蔵は長崎の富の豊かさを象徴しています。

中央右端に見える、「田」の字の漆喰《しっくい》が目立つ今魚町の大きな屋敷は江崎べっ甲店です。背後にはたくさんの土蔵を確認できます。酒屋町の中心は旧町年寄の福田邸でした。

大きな屋根は医者、質屋、材木商などの屋敷です。袋橋のたもとの袋町入り口には、練り塀に囲まれた料亭「享楽亭」の大きな建物が見えます。料亭文化は長崎の華でした。

磨屋町には一八七三（明治六）年三月一一日、県下で最初の公立小学校の一つとして第一番小学「啓蒙学校」が創設されました。開校時の児童数四四人、教師八人の記録があります。七五年に榎《えのき》津《づ》町に移転し榎津小学校になりますが、八二年には写真左下の茂みにある旧町年寄薬師寺邸跡に移転して中等鶴鳴小学校と改称します。これが旧磨屋小学校（現・長崎市立諏訪小学校）の前身です。

●崩落繰り返した石橋

中島川に架かる編笠橋を二人の巨匠が撮影しています（次頁）。上は内田九一が一八七三（明治六）年、明治天皇の西国巡幸に随行した翌年の再訪時に撮影したもので、着色は種板を引き継いだ横浜の写真家の工房によるものです。下はその二～三年後、同じ場所をズームして撮影した上野彦馬の白黒写真です。下流の古町橋付近から撮影されています。

編笠橋は一六九九（元禄一二）年、豪商の岸村夫妻が私財を投じて今博多町と本紙屋町（現・八幡町）の間に架けたアーチ状の石橋です。中島川に架けられた最後の石橋で、長さは一八・九メートルありました。

橋の名は、今博多町が「あめがた町」と呼ばれていたからという説があるほか、この辺りに遊女屋があり、客が世間体をはばかり深編み笠で顔を隠して廓《くるわ》通いをしたので、とも言われています。

編笠橋は堂門川と銭屋川の合流点より下流にあり、水かさが急に増す場所なので水害で壊れやすく、一七二一（享保六）年と九五（寛政七）年に崩壊を繰り返しています。写真でご覧のように優雅でフラットな歩きやすい石橋でしたが、一九八二（昭和五七）年の長崎大水害のときにはこの橋が根こそぎ流失したため、八六年の改修時に急な階段のついた橋脚の高い、歩きにくい石橋に架け替わりました。

1873年内田九一（上）と1874年ごろ上野彦馬（下）が撮影した編笠橋

河原の土手ぎわに並んだ白い板は、和紙の天日干《てんぴぼ》しです。江戸時代の紙づくりの町本紙屋町では、明治の初めにまだ和紙が漉《す》かれていたことがわかります。

背後の立山の山腹には諏訪神社の社殿が並んでいます。

●新大工町の大通り

一八九〇（明治二三）年ごろ撮影された新大工町の大通りです。モノクロ写真に着色した写真（いわゆる横浜写真）の一枚で、撮影者は為政虎三のようにも思われますが、正確にはわかりません。通りの突き当たりは蛍茶屋です。

新大工町は小倉から続く長崎街道の終着地で、長崎市街地への玄関口でした。一六〇六（慶長一一）年ごろ、大工が集まって市内に大工町ができます。その後手狭になって、町外れに誕生したのが新大工町でした。元々の大工町は本大工町と呼ばれるようになります。

木造瓦葺き二階建ての家並みの軒先には、雨のしたたりを防ぐトタンの樋《とい》が現れ、側溝も石材で整備されています。しかし、通りに敷石の舗装は見えません。日見峠を越すための人力車は、雨の日はぬかるみに苦労したと

蛍茶屋へ続く新大工町の大通り。1890年ごろ撮影

1892年ごろの浜町商店街。左端には灯油ランプの街灯が、右手前の大きな建物の前には水道の共同栓が見える

思われます。

右の家並み中央のくぼみの右奥（現・長崎玉屋付近）には、一八九〇（明治二三）年一一月二日、本古川町の実業家帯谷《おびや》宗七ら有志が設立した瓊浦劇場株式会社により、西日本随一の芝居小屋「舞鶴座」がオープンしました。総檜《ひのき》の木造二階建てで、広さ（建坪）は約一八八〇平方メートル、二二九六人を収容できました。

郷土史家の古賀十二郎は、一九〇八（明治四一）年に舞鶴座で観た「住吉踊り」に感激し、丸山の芸者愛八と協力して長崎新民謡「浜節」をつくりました。

舞鶴座は一九一五（大正四）年に長崎劇場に変わります。三菱が購入して一七年に中島劇場および造船所のクラブ中島会館となり、一九三六（昭和一一）年に都市計画による道路建設のため、取り壊されます。舞鶴座の開業期間は七年と短いのですが、興行の内容には中央との文化交流として興味が惹かれます。

●浜町商店街

一八九二（明治二五）年ごろ、浜町通り（現・浜市アーケード）と仲通り筋（現・観光通り）の交差点から写した東浜町です。写真奥は愛宕山（右）と風頭です。左端にはまだ灯油ランプの街灯が見えます。九三年ごろ電灯のために設置された電柱や九六年ごろ電話のために設置される電信柱はまだ見えません。長崎瓦斯会社のタンクができてガスが供給され、浜町にガス灯が設置されるのは一九〇五（明治三八）年のことでした。

石柱に鉄製欄干の付いた橋（旧・石橋）が架かる小川は、古い地図で見ると「大溝筋（小川筋）」と書かれていました。ここは「エゴバタ」と呼ばれました。「エゴ」は溝を、「バタ」は傍らを意味します。現在は道で覆われ見えませんが、一九八二（昭和五七）年の長崎大水害で露出して話題になりました。この小川と平行に奥を流れるシシトキ川もエゴバタと呼ばれました。

右手前の大きな建物は欧米雑貨を売る井上本店で、現在マクドナルドがある場所です。店の前には一八九一（明治二四）年に通った水道の共同栓が見えます。左手前の建物は西村洋傘店。その奥は藤瀬呉服店です。

右奥の松がせり出した場所は、幕末に「田辺屋」と呼ばれた会津藩御用達の豪商足立家の屋敷でした。一八七六（明治九）年に県警察署がここに置かれます。これが八〇（明治一三）年に県警察本部として県庁に移された後、ここは分署の長崎署となりました。現在の浜町交番はその名残です。

一九一九（大正八）年の長崎市街図によると、東浜町には銀行、酒類、呉服、洋傘、洋品、帽子、履物、家具、陶器、金物、文具、書籍、小間物といった商店が軒を並べていました。障子や引き戸が残る木造の商店街に、水道、街灯、警察署といった都市インフラが整備され、町が変容していく姿がうかがえます。

●諏訪町の通り

「152NAGASAKI」と英語の説明があります。一八九〇（明治二三）年ごろ撮影された諏訪町の通りです（次頁）。背景は風頭山。奥に見える大きな屋根は寺町の長照寺です。右は本堂で、その下に山門と石段も写っています。

通りの木造の商家には、瓦葺き屋根が目立ちます。左手前の家は、中から外を見通せるしゃれた格子がはめられています。格子はガラスの代わりでした。軒先には「尾垂れ」と呼ばれた雨よけ板のほかに、新しくトタンの樋が見えます。道路の両側には石で三角溝が組まれ、道の水はけの悪さが解消されています。三角溝はもともと大浦の外国人居留地の側溝に見られる工法でした。商店の表は開け放たれ、玄関先には側溝をまたぐ石段が据えられています。

子どもが遊ぶ通りは、人力車のために石畳で舗装されています。右側には共同の水道栓と、ガスではなくまだ灯油が燃料であった街灯ランプが見えます。細部を観察すると、近代的でスマートな市街への変貌《へんぼう》がうかがえます。

諏訪町の町名は、唐津の行者青木賢清の懇請により、信州諏訪大社の神主の子孫で大村にいた公文九郎佐衛門が、キリシタンに対抗して長照寺の前に諏訪の社を建立したことに由来します。長崎くんちでこの町の看板代わりになる「傘鉾《かさぼこ》」は、昔は上部が諏訪明神の化身「諏訪法性」の兜《かぶと》でした。下部の絵は、諏訪伝説の刺繡《ししゅう》でした。今は上部の飾りは変わりましたが、江戸時代中期に制作された刺繡の垂れと下絵は、長崎市の有形文化財に指定されています。

1890年ごろの諏訪町。通りは人力車のために石畳で舗装されている

ベアトが撮った大音寺本堂。1865年ごろ

祈りと祭り

●大音寺本堂

ベアトが一八六五（慶応元）年ごろ撮った今籠町（現・鍛冶屋町）の浄土宗大音寺の本堂です。木造瓦葺き、単層入母屋《いりもや》造りで、右奥には茶所と講堂が続いています。石段の上に立つのは一八六〇（万延元）年から七三（明治六）年まで住職を務めた第一六代の三誉忍海《さんよにんかい》和尚と武士です。風景に人物を配するのがベアトの特徴ですが、檀家と思われる髷《まげ》を結った四人の男性がお参りをしています。

キリシタン教会が徳川家康の禁教令により破壊された一六一四（慶長一九）年、仏教再興を願った修行僧の伝誉関徹《でんよかんてつ》は、野母村の蔵徳寺から長崎に来往して、古町の伊勢屋伝之丞の屋敷で布教を開始しました。一七（元和三）年に大音寺の寺号を与えられ、二一（元和七）年には本博多町にあったキリシタンの貧民救済施設であるミゼルコルディアの跡地に仏教寺院を建設しました。

この地に移転したのは一六三八（寛永一五）年で、四一（寛永一八）年には、領地を公認する朱印状を幕府から長崎で最初に与えられました。

建物は火事や台風でたびたび損傷し、その都度改修されています。写真（前頁）にある本堂は、一八二八（文政一一）年の台風で倒れたあと、三二（天保三）年に修復された建物です。正面中央に見える唐破風《はふ》の装飾屋根の向拝《ごはい》は一九〇九（明治四二）年の改築修繕で無くなります。

徳川家を祀り、幕府と密接な関係があった寺ですが、明治維新で特権を失くしました。

木造の本堂は原爆投下にあっても焼けずに残ったのですが、戦後、火災で焼失しました。一九六二（昭和三七）年に鉄筋コンクリート製で同じ場所に同規模で再建されました。堂前の蘇鉄《そてつ》は今も健在です。

●本蓮寺

一八七三（明治六）年ごろ、上野彦馬が撮影した西上町（現・筑後町）の本蓮寺の墓地と本堂です。写真は大判（二七五×二一〇ミリ）で、ガラス原板に鶏卵紙を密着して焼き付けたため、解像度は今の大型カメラより高く、拡大すると本堂に掛かる扁額の文字まで読めます。

ここにはキリシタン時代の一五九一（天正一九）年ごろ、長崎に入港したポルトガル船長ローケ・デ・メロペレイラの寄付で、ハンセン病患者のためのサン・ラザロ病院が建ちました。隣にはフランシスコ会の神父が建てたサン・ジョアン・バプチスタ教会がそびえていました。

一六一九（元和五）年、病院は第二代大村藩主の大村純頼により破却されました。翌二〇年、キリシタンに対抗するため熊本の本妙寺で修行し、大村の本経寺の住職をしていた本瑞院日恵が長崎に招かれ、法華経の聖林山本蓮寺を創建しました。四二（寛永一九）年に改築され、幕府に認められて皓台寺、大音寺と並ぶ長崎の三大寺の一

本蓮寺本堂と墓地。1873年ごろ上野彦馬撮影

つとなります。大村藩や細川藩の宿陣地に指定されたこともあります。

中央の大きな本堂は木造、本瓦葺きの反り屋根で、重層の入母屋造り。浜縁《はまえん》と呼ばれた廊下と高欄が周囲に巻かれ、向拝が突き出しています。本堂には、一七〇七（宝永四）年の火災からの再建以降、書家で儒者の高玄岱《こうげんたい》が書いた「霊瑞道場」の扁額が掲げられています。

手前の横長の建物は、檀家の位牌を安置した位牌堂、右端の建物は加藤清正の母聖林院を祀った、一八九〇（明治二三）年に改築される前の清正公堂（番神堂）です。木の茂みの奥には鐘楼が、本堂の前には二つの手水鉢《ちょうずばち》と長崎奉行成瀬正定の墓が見えます。

山門近くにあった大乗院には幕末に海軍伝習で来崎した勝海舟が四年間寄宿しました。近くに住む梶クマとの恋愛は有名です。その向かいの一乗院は、息子アレキサンダーを連れて再来日したシーボルトの寄宿場でした。誤って薩摩藩士を殺害し、切腹した土佐の海援隊士の沢村惣之丞もこ

明治中期の皓台寺本堂「萬徳殿」

の墓地に眠っています。境内にはキリシタンが使っていた井戸が残っていますが、建物は原爆で全壊し再建されました。

●皓台寺本堂「萬徳殿」

明治中期に撮影された、寺町の曹洞宗皓台寺の本堂萬徳殿です。貼られたアルバム写真の印刷の特徴から撮影者は上野彦馬と思われますが、正確にはわかりません。左右に写るランプが明治の風情を醸し出しています。

木造、単層入母屋造りの本堂の大きな屋根は、薄い木板を重ねる「柿葺《こけら》き」で、二〇年に一度葺き替える必要がありました。一九〇九（明治四二）年の改修により、銅板葺きに変わります。

一六六三（寛文三）年、三代目の住職月舟宗林が本堂を建てた時には、オランダ船が運んできた堅いチークが建材に使われました。何度も修復され、原爆にも耐え、チークは今でも堂内の一部で確認できます。堂前の青銅の灯籠二基や蘇鉄、石畳も健在です。写真に写る四人のうち、上がり口中央の小柄な人物は、一八七五（明治八）～八七年まで住職を務めた二六代目の大慈忍海《だいじにんかい》のようです。

正面大額の「萬徳殿」の文字は、中国の書家、陳楨の書です。長崎の唐通事、林道栄が「殿」の字の誤りを指摘したため、後にこれを知った陳は、恥じて亡くなったと『長崎名勝図絵』（長崎歴史文化博物館蔵）は伝えています。書き方を間違えた「殿」の字は、「几」の部分が「口」となって今でも残っています。

二〇〇九（平成二一）年、開基四百年祭を祝った皓台寺は、キリシタン全盛の一六〇八（慶長一三）年、佐世保市相浦の洪徳寺からやってきた亀翁良鶴《きおうりょうかく》により創建されました。佐賀大和の玉林寺からきた二代目の一庭融頓《いっていゆうとん》は佐賀の禅僧鈴木正三と、その弟の天草代官鈴木重成の招請で、キリシタンが多かった天草に布教しています。天草に今でも曹洞宗のお寺が多いのはそのためです。

墓地には長崎で亡くなった奉行や上野彦馬、高島秋帆、密航の罪を同志に咎められて小曾根《こぞね》邸で切腹した亀山社中の近藤長次郎らも眠っています。

●八坂町の清水寺

一八七五（明治八）～七六年ごろ、上野彦馬が撮影した八坂町の真言宗清水寺です（次頁）。「きよみずさん」とも呼ばれ、親しまれています。長崎大学附属図書館は、この寺が写る明治大正時代の写真や絵はがきを一六枚保存しています。

写真中央の本堂の右隣では、一八七四（明治七）年ごろに彦馬が撮影した写真に写っていた建物が無くなっています。また、中央の石段右横に七七年に建てられる鐘楼が見えないことから、撮影時期が特定できます。

清水寺は一六二三（元和九）年、キリシタンに対抗する長崎奉行長谷川権六の支援により、京都清水寺の僧慶順が創建しました。その四年後、島原でキリシタンを弾圧した松倉重政が寄進して高台の石壁と石欄干、堂前の石畳が整備され、京都の清水寺の風景に近づきました。

大浦慶も熱心に参拝した清水寺（中央）。1875～76年ごろ上野彦馬撮影

一六三三（寛永一〇）年に、朱印船貿易家末次平蔵の船頭石本庄左衛門らが奉納した「末次船」の大額や、その四二年後に博多の商人伊藤小左衛門が奉納した釣り鐘は有名です。

本堂は、一六六八（寛文八）年に華僑の何高材《かこうざい》が建立しました。木造、本瓦葺き、単層入母屋造りで、日本様式に中国の黄檗様式が交じった独特の建築となっています。二〇一〇（平成二二）年六月、平成の大修理により一八八七（明治二〇）年ごろの姿が復元され、国の重要文化財に指定されています。

本堂左側の木に隠れた建物は、弘法大師を祀る大師堂。その下の重層寄《よ》せ棟《むね》造りの屋根が尖《とが》った建物は、歓喜天を祀る聖天堂です。一八二二（文政五）年に久留米の有馬氏が寄進し、四三（天保一四）年の大火で焼失しましたが、五一（嘉永四）年に再建されたものです。近くに住んだ茶商の大浦慶（お慶）が熱心に参拝したと伝えられ、大河ドラマ「龍馬伝」のロケにも使われました。

中央の石段の中腹左に写る中門は、彦馬の撮影後すぐに失われたので、貴重な記録写真となって

1890年ごろの古町橋と光永寺

います。

●古町橋と光永寺

中島川に架かる古町橋と桶屋町の光永寺（真宗大谷派）です。写真左の境内に一九〇三（明治三六）年ごろ建つはずの鐘楼が見えないところから、一八九〇（明治二三）年ごろの撮影と推測できます。撮影者は不詳ですが、和絵の具で着色されています。橋のたもとに立つランプや橋上を走る人力車、それを引く編み傘を被った法被《はっぴ》姿の人物は、明治の風情を伝えています。

『長崎市史地誌編　仏寺部（上）』（長崎市刊）の著者福田忠昭は、光永寺の開基について、唐津から来た仏僧慶西が古川町のサン・アウグスチン教会の跡地で一六一四（慶長一九）年に創建し、その後桶屋町に移転したと、スペイン人の貿易商人アビラ・ヒロンの『日本王国記』の記述から推測しています。本堂もこの時に建てられ、二一（元和七）年に東本願寺から光永寺の寺号を許されました。

右に見える大きな屋根の本堂は、一六七〇（寛文一〇）年と一八一五（文化一二）年の二度の火事から再建された本堂で、木造、瓦葺き、単層入母屋造りで、間口は約三〇メートルありました。七九年（明治一二）から三年間、長崎県で初となる地方議会がここで開催されました。惜しくも原爆で大破し解体されましたが、一九八九（平成元）年に総檜造りで再建されています。

右奥の庫裏《くり》は、一八五四（安政元）年から約一年間長崎に留学した福沢諭吉が寝泊まりした場所で、現存しています。門衛所が付いた格式の高い朱印地様式の山門と、白の筋塀は一八〇六（文化三）年に完成しました。

『長崎名勝図絵』（長崎歴史文化博物館蔵）によれば、古町橋は、一六九七（元禄一〇）年に河村甚右衛門の母妙子が架けた唐風石橋でしたが、何度か架け替えられ、一九八二（昭和五七）年の長崎大水害で崩落しました。その後、災害を防ぐという理由からコンクリート橋になって再建されています。

大楠神社の横に設けられた長崎で初めての招魂場。
1871年『ザ・ファー・イースト』3月1日号

●長崎の招魂社

上の写真は、横浜で刊行された英字新聞『ザ・ファー・イースト』一八七一（明治四）年三月一日号に掲載されたもので、「英雄の墓、長崎」と説明されています。白壁の傍らに立つ墓には、手前から本庄豊馬、牛嶋鹿之助、馬場農次郎と名前が彫られています。

葬られているのは長崎で組織された「振遠隊」の若者です。箱館戦争中の一八六九（明治二）年五月一一日、旧幕府軍の砲撃で沈没した戦艦朝陽で戦死しました。墓の場所は、明治の初めに廃寺

梅香崎招魂社。1874年ごろ

となった大徳寺境内（現・西小島）の大楠神社横です。

幕末の長崎では奉行所が港の警備のために遊撃隊を組織していました。幕府の崩壊で長崎奉行の河津祐邦《すけくに》が長崎を退去したあとの一八六八（慶応四）年二月、長崎を統治する長崎裁判所の総督に任命された公家沢宣嘉《のぶよし》は、遊撃隊を振遠隊に改組し、東北地方に派遣しました。

この年一〇月、庄内藩との戦いで戦病死した振遠隊員一七人が、一二月に大楠神社へ埋葬されたのが、長崎での「招魂場」（墳墓地）の始まりです。朝陽の戦死者二六人が合祀《ごうし》された六九年、大楠神社は名前を梅香崎招魂社と改めました。

もう一枚の写真は一八七四（明治七）年ごろ撮影された梅香崎招魂社です。このころ台湾植民のために蕃地事務局が新設され、事務局長官の大隈重信、事務都督の西郷従道らが征討軍を台湾に派遣しました。しかし暑さや病気で多くの病死者を出し、蕃地事務局病院と改称された長崎医学校（大徳寺境内）には多数の傷病兵が収容されました。死者はそばの招魂社に埋葬されました。

一八七七（明治一〇）年に起こった西南戦争の戦死者埋葬のため手狭となり、新たに佐古招魂社が稲荷山にできます。両招魂社は、一九四二（昭和一七）年に長崎県護国神社となりました。これは原爆で焼失し、六三（昭和三八）年に現在地の城栄町で再建されています。

「おくんち」でにぎわう明治中期の街角。江戸時代の風情が残る

●おくんちの通り

明治時代の中頃、長崎くんちの飾り付けをした街角です。右下に英語で「祭日・街路・長崎」のキャプションがあります。木造の瓦屋根で二階建てが多い町屋は家紋を染めた幔幕《まんまく》を玄関に飾り付けています。幕は、家の前に並ぶささ竹にかけられています。

店先に「献燈」と書いた提灯《ちょうちん》を下げ、雨よけの和傘を取り付けて、日の丸の旗も祭り気分を盛り上げています。人力車が走りやすいよう敷石で舗装された道路ではしゃぐ子どもたちも見えます。撮影された時代に小学校はすでに開設されていたのですが、この日はお休みだったようです。

路上左側には水道の共同栓が見えます。長崎では日下義雄県知事らの努力により一八九一（明治二四）年、本河内高部ダムが完成し、横浜、函館に次いで近代的な水道給水が始まりました。

通りの幅は三間（約五・四五メートル）程度。まだ江戸時代の風情が残っています。御輿《みこし》の通り筋である勝山町、桜町、興善町、万才町などの家は幕を

諏訪神社の長坂と踊馬場。1874年ごろ上野彦馬撮影

張って歓迎したので、写真は興善町あたりかと思われますが、特定出来ていません。解る方がおられましたらお知らせ下さい。

●くんち鑑賞の特等席

旧暦九月三日は庭見世《にわみせ》、四日の人数揃《にいぞろ》い。七日から長坂の奉納踊りで始まるのが諏訪神社の秋の大祭「長崎くんち」です（15～17頁参照）。

写真は一八七四（明治七）年頃、正門前の長坂と踊馬場を上野彦馬が撮影しています。

上段の建物は神社の大門と回廊です。七三段ある石段の登り口には、一七二二（享保七）年に町年寄の高木作右衛門から寄進された石灯籠が見えます。長坂は、石畳の踊馬場で繰り広げられる奉納踊りを正面から見ることができる特等席です。

諏訪神社の神官青木永繁は『鎮西大社実録大成』（長崎歴史文化博物館蔵）で、長坂下の最初の踊りは「一入念を入れる」もので、桟敷の観衆が「所望」（今はショモーヤレ）の声を上げれば名誉であり、神意にかなうと述べています。踊町が紅白餅やせんべい、手ぬぐいなどを観客に投げ与えるのは明治以来の風習です。
おくんちは日本を代表する祭事であり、長崎市民のお祭りです。『長崎市史風俗編』を書いた古賀十二郎は「一年中の最も愉快なる慰労日」と記しました。

1890年代の諏訪神社中門。木造檜皮葺きの優雅な造り

●諏訪神社中門

着色されたこの写真は、諏訪神社の中門です。一八六九（明治二）年に再建されましたが、一九八三（昭和五八）年の御鎮座三百六十年の大改修で無くなりました。

写真では切れていますが、左下に「218 SUWA TEMPLE NAGASAKI」と印字されています。

撮影地点は長坂を上り切った能馬場の入り口です。すぐ左には一八七一（明治四）年に肥前有田が献納した陶器製常夜灯と街灯が、右奥には七〇年に長崎製鉄所（現・三菱重工業長崎造船所）から創業記念として奉納された青銅の馬が見えます。

青銅の馬は第二次大戦で金属供出されました。今は平和祈念像の制作者北村西望が奉納した「神馬像」が置かれています。

四礎門とも呼ばれた中門は、木造檜皮《ひわだ》葺き、流れ破風《はふ》造りの優雅な建物で、正面には菊花の紋がはめ込まれ、屋根の下には「正一位諏訪三所」の額が掲げられていました。左右の回廊は透塀《すきべい》です。

●ハタ揚げ

春一番が吹くと、長崎はハタ揚げシーズンです。写真は一八九〇（明治二三）年ごろの風頭の風景です。長崎が特集された着色写真アルバムに収載されています。テントが張られ、奥では長崎独特の四角い「ハタ」を揚げる人たちの姿が見えます。

関東で凧《たこ》、関西で烏賊《いか》幟《のぼり》と呼ばれるハタは、江戸時代には「紙鳶《しえん》」と書かれました。紙のトンビという意味です。連歌師の西山宗因はかつて「見わたせば長崎のぼりいかのぼり」と詠みました。この歌から、古賀十二郎編の『長崎市史風俗編』では、江戸時代初期に長崎では「長崎のぼり」が長崎ハタを、「いかのぼり」はそれ以外の「バラモン」などの中国系のハタを指したと推測しています。ハタには幟《のぼり》の意味があり、色や文様は、オランダ国旗の影響もあるようです。

長崎ハタは、トビウオのように飛ぶことからか、アゴバタとも呼ばれました。ハタの種類や文様は、実に多様です。ハタ取り合戦は、長崎の大人の伝統遊戯です。『長崎名勝

1890年ごろの風頭のハタ揚げ。ハタ取り合戦は長崎の大人の伝統遊戯

図絵』には、出島蘭館の屋根に立つオランダ人と対岸の日本人とのハタ取り合戦が描き出されています。

ハタは揚げるだけではなく、ビードロヨマと呼ばれたガラスをまぶした糸を互いに絡め合わせて、切り合います。ヨマは縒《よ》った麻を意味します。糸をかけ合って勝負することをツルハカシと呼びました。負けて落ちるハタやヨマは、ヤダモンと呼ばれる長い棹《さお》で奪い合いました。

ハタ揚げは祭りの日取りに合わせて、風頭、金比羅山、城の古址、唐八景、准堤《じゅんてい》観音で開催されていました。今は新聞社や振興会の主催で、三月末から五月の連休まで稲佐山、唐八景、金比羅公園でハタ揚げ大会が開催されています。

茂木街道のにぎわい

●愛宕山と田上の切り通し

見事な段々畑が山頂近くまで広がるのは、茂木街道の入り口の愛宕山です。一八九五（明治二八）年ごろの撮影で、「茂木への道」と英語で記されています。

標高二三〇メートルの尖った愛宕山は町のシンボルでした。いまは中腹まで人家が立て込んでいますが、当時はこの段々畑から平地の少ない長崎市街地へ食料を供給していました。人力車と子守をする女児の姿が印象的です。

もう一枚の写真は大正期の絵はがきで「長崎田上切通シ」と説明書きがあります。茂木街道を少し上に進んだ峠の明治の新しい掘削道（現・三景台病院付近）です。天秤《てんびん》棒で笊《ざる》を担ぐ行商人が時代を映しています。魚や野菜などを売っていたと思われます。

江戸時代、茂木には長崎から細い街道が通じていました。一八二〇（文政三）年代ごろの長崎の名所を絵で紹介

愛宕山。1895年ごろの撮影

田上の切り通し。大正期の絵はがきより

愛宕山から見た丸山、寄合町周辺。1871年ごろマンスフェルト撮影

した『長崎名勝図絵』は、長崎六要路の一つに茂木口をあげています。「茂木道は長崎の町の南の入り口にあたり、田上《たがみ》峠、転石《ころびいし》、北浦をへて茂木の港につく、この港より船に乗り南は薩摩、東は天草、西は島原と四方に達す」と書いています。

一八八五（明治一八）年、茂木や小浜、雲仙の保養地に向かう外国人旅行客の人力車や荷車を通すため、茂木新道の開削が始まりました。茂木新道は転石から河平を経て、茂木の西側にまっすぐ下る道でした。八七（明治二〇）年六月二五日、茂木村田上名で開通式が開催されています。

新道により長崎在住の外国人のみならず、上海や香港からの外国人が茂木、小浜、雲仙を訪問するようになりました。道端には茶屋が栄え、街道のにぎわいが写真に残っています。以下、その様子を紹介していきます。

●娼妓解放直前の丸山と寄合町周辺

写真は遊廓の丸山町と寄合町周辺です。一八七一（明治四）年ごろ、お雇いオランダ人医師マンスフェルトが撮影したもので、「愛宕山からの景色」と紹介されています。

右手の大屋根は正覚寺です。写真中央やや手前を、家並みに沿って横切る道が茂木街道です。

一八七二年一〇月、人身売買と売春婦の年季奉公を廃止する娼妓《しょうぎ》解放令が布告されましたが、長崎では遊女屋が成り立たないという理由から遊女貸座敷規則が定められ、丸山、寄合町に限って「貸座敷」の営業が許可されました。一一月には外国人の妾《めかけ》問題が浮上し、各国領事に妾を解消するように通達が出されています。

遠方を望むと、一八七〇（明治三）年ごろに建ったばかりの中国商社広隆号の白い建物の背後に、出島の建物群が見えます。海には中島川から流れ出した土砂の堆積が見えます。これは港をふさぎ、中島川変流工事の原因となっていきます。

東郷茶屋。屋根の上にはタバコの大きな広告の看板。1897年ごろ撮影

●田上の東郷、梶原茶屋

こうもり傘をさした若い女性が乗る人力車の背後は、茂木街道沿いの茶店です。撮影時期は一八九七（明治三〇）年ごろ。モノクロ写真に着色した、いわゆる横浜写真です。「227長崎からの茂木街道」と英語で記されています。

これまで撮影場所も建物の名前も不明でしたが、二〇一二（平成二四）年に長崎市の茂木支所職員が地元の古老に確かめ、昭和初期まで田上の中心地にあった東郷茶屋であることがわかりました。場所は現在の長崎

梶原茶屋の見事な藤棚。大正期のはがき写真より

バス田上バス停付近。手前の石垣は隣の茶屋、鶴見荘のものです。

拡大すると人力車夫の服装がよくわかり、法被《はっぴ》の襟には人力車の会社名とみられる文字が見えます。

長崎から切り通しを過ぎるあたりが田上で、人家が二〇～三〇戸ほどありました。

一八八七（明治二〇）年、長崎から茂木への新道が開通し、小浜や雲仙方面に向かう外国人向けの休息所として茶屋が繁盛しました。そばとタケノコが名物だったそうです。

屋根の上の大きな看板には、一八九五（明治二八）年四月から京都で開催された第四回内国勧業博覧会で一等に入賞した、大坂村井商会のタバコの名が宣伝されています。看板には長崎の販売代理店が江戸町の広島岩作商店と書かれています。旅行者向け広告看板の初期の映像として貴重です。

もう一枚の見事な藤棚の写真（上）は「長崎茂木街道田上梶原茶店」と書かれています。大正期のはがき写真です。先ほどの古老によると、梶原茶屋は東郷茶屋の斜め向かいにありました。藤が満開なので季節は五月ごろ。店の前にあった藤棚の下にはテーブルと椅子が洋風にセットされています。

●木桶から湯気が立つ田上の茶屋

虚無僧《こむそう》と人力車夫、荷駄をひく馬子《まご》や荷物を担ぐ人足が写るこの場所は、背後の田上の切り通しから下りてきた茶店です。写真には「長崎の茂木街道」と英語の説明書きがあります。田上の交差点から茂木に少し下り、若菜川の源流の一つとなる小川と交わるあたりです。

着色された横浜写真で、一八八七（明治二〇）年に茂木新道が開通してまもなくのころです。上の写真は、石垣の上に菊の花が咲いているので季節は秋。大きな木の枝には大根が干されています。道の奥に白い棚のように見えるのは、竹の天日干《てんぴぼ》しのようです。乾燥させ、籠や笊《ざる》など竹細工に使われたと思われます。

1887年ごろの田上の茶屋。石垣の上に菊の花が咲いている

同じころ上の茶屋を田上側から撮った写真

下の写真は同じ場所を田上側から撮影しています。左側に井戸が見えます。木桶《きおけ》に付いた長い棹から、井戸の深さがわか

ります。右側の道路脇には水桶が見えます。あたりの茶屋や民家はこの井戸で水を汲んだようです。人力車はいまのタクシー代わりでした。乗っているのは外国人男性客でしょうか。竹を敷いた椅子に座る男性は、まだ髷を結っています。

板屋根の張り出した茶店内を拡大してみると、丸髷《まるまげ》和服姿の給仕の女性二人と、食器、替え草鞋《わらじ》などが見えます。木桶から湯気が立っているので、どうやらこの茶店ではお茶とまんじゅうか、そばが供されていたようです。

●転石付近

下の写真は英海軍の見習い将校ヘンリー・スチュアートが一八九〇（明治二三）年、開削されたばかりの茂木街道を通って茂木に旅行した際に撮影したものです。印画紙の大きさが縦一〇・一センチ、横一四・八センチなので、カメラは中型だったことがわかります。

場所は茂木街道の転石《ころびいし》付近で、茂木方向を写しています。いまは住宅が立て込み、谷には橋が架かって道路が走り抜けています。

一八九四（明治二七）年ごろに撮影された次頁の写真は、絵の具で着色された幻灯機用のガラス板（八・二センチ四方）です。同じ写真が横浜の写真家玉村康三郎のアルバムに収載されているため、制作者は玉村と思われます。ガラスへの着色は江戸時代の「写し絵」の伝統を引き継いでいます。

ガラスに描かれた絵をランプとレンズを使って幕に投影する幻灯

転石付近。1890年ごろヘンリー・スチュアート撮影

機の原理は、一六四六（正保三）年にイエズス会の修道士アタナシウス・キルヒャーの著書『光と影の大いなる術』で紹介されました。日本には一八世紀ごろに出島から伝わり、「エキマン鏡《かがみ》」と呼ばれました。

幻灯機はその後日本で独自の発達を遂げ、「写し絵」「阿蘭陀招魂《おらんだしょうこん》鏡《かがみ》」などと呼ばれて浄瑠璃や義太夫節でも用いられました。文化史家石井研堂の『明治事物起源』によれば、日本の文部省が「幻燈」と名付け、一八八〇（明治一三）年に師範学校の奨励品としたため全国に普及しました。写真業者の鶴淵初蔵と写真師の中島待乳《まつち》は、国産初の幻灯機の製作を命じられています。

写真に写る街道は、まだ新しい道の雰囲気を伝えています。中央の人力車は写真右下方向に曲がって山道をくだり、平口橋を経て茂木に至ります。

1894年ごろの転石付近

●幕末の茂木海岸

幕末の茂木村本郷（現・長崎市茂木町）です（次頁）。ベアトは、外国人の遊歩（ハイキング）が認められた茂木を一八六六（慶応二）年ごろ訪れ、若菜川対岸の庄屋の屋敷付近から撮影しました。撮影ポイントは一六〇〇（慶長五）年ごろ、長崎代官村山等安が別邸を建てた場所です。

海岸には漁船がつながれ、浜には網が干されています。人の姿も小さく見え、漁業が盛んな幕末の茂木が写し撮られています。

幕末の茂木地区一帯。たくさんの漁船が係留され、漁業が盛んだったことがうかがえる。
1866年ごろベアト撮影

海沿いの漁師の家は藁葺《わらぶ》きが多く、背後の瓦葺きは商家です。明治時代には質屋、米屋、酒屋、醤油屋、仕立屋、木炭屋、金物屋、提灯《ちょうちん》屋、綿打ち直し屋、薬屋、魚屋、豆腐屋、せんべい屋、一口香屋、風呂屋、床屋などが並んでいました。対岸の片町には薩摩や肥後から、屋根付きの苫船《とまぶね》が往来し、問屋がひしめいていました。

平地が少なかったので、段々畑が山の上まで切り開かれていきます。長崎で働いていた三浦シオが一八三〇（天保元）年ごろ、中国渡来の枇杷《びわ》の種を茂木に持ち帰り、これが山間部に植えられて、今では全国一の産地となっています。

平地の造成は茂木の悲願でしたが、一九二三（大正一二）年から始まる茂木海岸埋め立て工事によって、陸地は海側に大きく拡張され、海辺の風景はすっかり変わりました。

●茂木の庄屋屋敷

写真右側で、縁側に腰かけてくつろぐ帽子に鬚《ひげ》の人物は、お雇いオランダ人医師のマンスフェルトです。茂木の庄屋、森岡平左衛門の屋敷（現・茂木郵便局）で、一八七一（明治四）年ごろ、熊本への旅行の途中で撮影されました。

1871年ごろ、マンスフェルトが立ち寄った茂木の庄屋屋敷

縁側には椅子に座った人影があります。森岡平左衛門本人と思われます。後方には付き添いと思われる髷を結った男たちがいます。庭で正座しているのは使用人たちのようです。

江戸時代、庄屋は百姓でありながら一般農民よりも格上の村の長であり、年貢の取り立て、領主に提出する帳簿の作成、願書の取り次ぎなどに従事し、絹の着物や雪駄の着用が許されていました。この写真の屋敷も石垣と白壁の組み合わせ、頑丈な木製の門扉、塀上に組まれた竹矢来がその風格を伝えています。

マンスフェルトは、この屋敷をオランダ語で「茂木の庄屋のアパートメント」と紹介しています。一八七一年六月に熊本の医学校に転任したマンスフェルトは、赴任後も特別に許されて長崎を往来していました。

庄屋は江戸時代の特権を失っていましたが、道中の茂木

マンスフェルトの荷駄運び労働者たち。1871年ごろマンスフェルト撮影

では、この森岡庄屋が宿を提供したようです。

茂木は雲仙や島原、天草に定期船が通う古くからの港でした。産物の集散地として天草屋、富岡屋、島原屋、肥前屋、八代屋、薩摩屋など、取引のあった各地の屋号を持つ廻船問屋兼宿屋が港に並んでいました。

印画紙は鶏卵紙で一六・七×二〇・三センチなので、このときマンスフェルトは中型のカメラを持参していたようです。

●旅行期間に大量雇用

休息する荷駄運びの労働者。茂木の庄屋、森岡平左衛門の屋敷前の海岸沿いです。マンスフェルトは「茂木の庄屋のアパート前の木の下で」とオランダ語で解説しています。一八七一年ごろの撮影。江戸時代とさほど変わらない村人の身なりや雰囲気を撮影した写真として貴重です。

写されているのは、マンスフェルトが旅行の荷駄を運ぶために臨時に雇い揚げた労働者と家族と思われます。右端の男性はきちっと髷《まげ》を結い、股引《またひき》を履

茂木の若菜橋。1890年ごろヘンリー・スチュアート撮影

き、足袋を履くなど身なりが整っているので世話人と思われます。まん中でくつろぐ男性たちは素足に草鞋《わらじ》を着け、鉢巻を巻いている者もいるので運搬の労働者と思われます。季節は夏のようです。左には男女の子どもたちが座っています。集落から臨時に雇われた労働者の子どもたちで、軽い荷物の運搬を手伝だったのかもしれません。

写真をアップにしてみると、中央の麦わら帽子の横の小さなテーブルにワインと思われるガラスの大瓶、ウィスキーかジンの小瓶、飲み干されたグラス、洋風の収納ボックスが写っています。マンスフェルトが労働者たちに贈ったねぎらいの酒と、その収納ボックスと思われます。

熊本からの船旅を終えて、茂木に上陸したマンスフェルトは、港から宿、さらに田上峠を越えて長崎に荷物を運ぶために、多くの労働者を雇わなければなりませんでした。

同じころ東北の村々を人力車で旅行したスコットランド出身の女性旅行家イザベラ・バードは当時、日本の農村では衣服が不潔で、体を洗わず皮膚病が多かったと旅行記に書いていますが、南国の茂木では、人々はよく風呂に入り、衣服も清潔だったようです。

●若菜橋と茂木ホテル

長崎から南東に約八キロ続く茂木街道の終点に、若菜川の河口があります。英海軍の見習い将校ヘンリー・スチュアートは一八九〇（明治二三）年、茂木に旅行し、河口を撮影しています。

若菜川は田上方面から長崎半島の東斜面を流れ落ち、橘湾に注

茂木ホテル（ビーチホテル）の絵葉書写真

ぎます。幅七五メートルの河口に架かるのは若菜橋です。

若菜橋は土橋から架け替えられたばかりで、石垣で築いた中央の橋脚にかかる二つの白い橋は木製のアーチ形となりました。長崎市内の新地と大浦居留地をつないだ梅香崎橋（82頁）と同じ形で、欧米の橋梁技術の普及が見受けられます。

街道は若菜川に沿ってかつての茂木村役場を過ぎ、右に曲がって若菜橋を渡ると茂木の海岸沿いの集落に入り込みます。橋と反対の方向に曲がると北浦方面です。ここには、一九二一（大正一〇）年の茂木長崎鉄道敷設計画により堀切りができます。鉄道は未完成となりましたが、掘削した土砂により海岸線の埋め立てが進み、こちらは二六（昭和元）年に完成しています。

若菜橋を渡らずに直進したところが元庄屋の森岡平左衛門屋敷（現・茂木郵便局）でした。ここには茂木ホテルが建ちます。一九〇六（明治三九）年、道永栄《えい》（稲佐のお栄）がこれを購入し、外国人のための「ビーチホテル」と呼びました。

天草、大矢野島出身のお栄は一二歳で両親を亡くし、茂木にあった遠縁の旅館さざなみ屋に奉公しました。稲佐でロシア人相手のホテルを経営して成功を収めたあと、幼い頃に働いた茂木に進出しました。旧庄屋屋敷はホテルの食堂として使われ、本館脇に並んで残りました。

茂木は外国との交流の遺跡や遺構がたくさん残っています。

終章　幕末明治を撮った日本人写真師

1868年ごろ上野撮影局で撮影された上野彦馬（中央）と家族

●上野彦馬

上野彦馬は、一八三八（天保九）年八月二七日に長崎銀屋町の御用時計師俊之丞、伊曾の二男として生まれました。俊之丞は化学、医学、硝石製造、製薬、更紗製造、地理に長じたマルチタレントの人物で、書斎に蘭書が積まれている学問的な家庭でした。五歳で寺子屋の松下文平塾で四書五経を素読し、書の才能を発揮しています。五一（嘉永四）年に一四歳で父を亡くし、後見の医師で画家の木下逸雲のはからいで五三年、日田の広瀬淡窓の漢学塾咸宜園《かんぎえん》に入門します。一度はいじめを受けて長崎に逃げ帰り、再起を図った三年の日田での修業生活でした。

帰郷して蘭通詞の名村八衛門からオランダ語を習い、家業を継ぐべく松本良順《りょうじゅん》とポンペが教えていた医学伝習所へ一八五八（安政五）年に入門し、蘭化学の学習中に「写真」（ポトガラヒー）に出会います。コロジオンタイプ（湿板写真）の写真術を習得する同志は、津から兵学修業に来ていた堀江鍬次郎でした。スイス人写真家ピエール・ロシエから直接教えを受けて、堀江の仲介で津の藩主藤堂高猷《たかゆき》の支援で外国製カメラと薬品を入手できたことが、彦馬の転機となりました。これを持参して彦馬は蘭化学者兼写真家として津藩に出仕し江戸に出ます。津の藩校有造館で教科書として翻訳出版した『舎密《せいみ》局《きょく》必携』は、親和平衡力や化学等量を説く最新の化学書でした。

家業を再興するために帰郷した彦馬は、一八六二（文久二）年末に父が始めた硝石精練所の跡地で上野撮影局を開業します。「魂が吸い取られる」といった迷信で最初は不評でしたが、やがて高杉晋作や坂本龍馬ら開明的な志士たちが写真館を訪れ、庶民も次第に写真に慣れてきて繁盛します。フェリックス・ベアトやオーストリア人ウイルヘルム・ブルガーら、外国人写真家との交流も彦馬の撮影技術を飛躍させました。外国人観光客も競って彦馬から写真を買い求めます。七三（明治六）年のウィーン万国博覧会への出品、翌年のアメリカ隊による金星観測への参加、七七年の西南戦争の戦跡撮影などは彦馬の記念碑的な活動でした。

彦馬は教育者でもあり、東大の初代化学教授となる長井長義や熊本の写真家冨重利平、長崎の亀谷徳次郎、薛信一、野口丈二など多くの門人を育てています。

●内田九一

内田九一《くいち》は、一八四四（弘化元）年、長崎万屋町の薬種商内田忠三郎とヤスの長男として生まれました。コレラで両親を亡くし、伯父で医師の吉雄圭斎《よしおけいさい》に育てられます。北海道開拓写真で有名な田本研三も安政年間に圭斎から医学と化学を学びました。九一は圭斎の友人松本良順の計らいで医学伝習所の小間使いとなります。一六歳のころポンペの持参した写真に興味を惹かれ、福岡藩から写真修業に来ていた前田玄造の助手となり写真術を習得しました。上野彦馬の修業時代が重なるのですが、六歳年上の彦馬との関係は微妙で、後年、「切磋琢磨」のライバルだったと述懐しています。

彦馬から独立したかったのか、九一は彦馬の弟幸馬を預かり、一八六五（慶応元）年神戸に出ていきます。福原遊廓の仮写真館で営業したあと、病の幸馬を長崎に返し、長崎出身の富豪永見伝三郎の支援を受けて大坂上町鎗屋町で開業しました。長崎出身のおうたと結婚したのもこの頃です。六七年二月江戸に出た九一は、神田泉町の良順宅に寄宿し、崩壊前の幕府関係者を撮影しています。

六八（慶応四）年、横浜の馬車道で開業した写真館「内田」は居留地に近く大繁盛でした。六九（明治二）年に九一は江戸に進出し、浅草大代地に写真館「九一堂万寿」を開業します。新政府の役人や歌舞伎役者、芸者などが殺到し、腕前は「東都随一」と評されました。このスタジオで撮影された皇族や旧公家、旧藩主の肖像写真がたくさん残っています。九一は良順の推薦で七二（明治五）年四月、明治天皇の「小直衣《おのうし》」姿を撮影し、九月には和装の英照皇太后（孝明天皇の女御で明治天皇の嫡母）、七三年一〇月には洋服姿の明治天皇と和装の昭憲皇太后（皇后）を撮影しました。

天皇の西国巡幸に宮内省御用掛の写真師第一号となった九一は、一八七二年六月長崎に錦を飾るのですが、私の最近の調査では、七三年の冬に弟子の長谷川吉次郎と共に再度長崎を訪問して彦馬と旧交を温め、長崎近郊の多くの写真を撮影しているようです。

九一の写真は明治初期の「日本の景色・名勝・旧跡」としてアルバ

内田九一撮影の明治天皇（左）1873年10月、昭憲皇太后（中）同年同月、英照皇太后（右）1872年9月。

ム仕立てで外国人観光客に販売され、欧米に流出しています。福井藩のお雇い外国人で開成学校（東大の前身）の物理学教授を務めたW・E・グリフィスが書いた外国人観光ガイドは、九一写真館の利用を推奨しています。鉱山技師でお雇いのヘンリー・スミス・マンローも手紙のなかで九一写真の芸術性の高さを激賞しています。

一八七五（明治八）年四月一七日、九一は三二歳の若さで結核で急逝するのですが、原板は横浜の写真家たちの手に渡り、お土産用の横浜写真と呼ばれるアルバムのなかに着色写真で再三登場します。

●ベアト、彦馬、九一の接点――二枚の大光寺

今籠町（現在の長崎市鍛冶屋町）の大光寺です（次頁）。上はベアトが一八六五（慶応元）年ごろに写した写真。下は内田九一が七三（明治六）年に同じアングルで撮影したものです。木々に葉がなく服装も夏ではないので、七三年冬の再訪時のものと判ります。上の中央に写っている人物をクローズアップすると丁髷《ちょんまげ》姿の上野彦馬の顔が浮かびます。

大光寺は内田家の菩提寺で、早逝した九一の分骨された墓はこの寺にあります。

上の写真がベアトの写真であるという根拠は、材質と色合いと書き込みが同じである六枚組の別の一枚がベアトの写真と判明しているからです。下の写真が九一撮影であるというのは、長崎大学附属図書館の九一自筆の書き入れがあるシリーズの一枚だからです。着色された同じ写真がある理由は、九一の種板（ガラス）を引き継いだ横浜の日下部金兵衛が、九一の死後自分のアルバムに組み入れたからと思われます。

二枚の写真を比べると、ベアト、彦馬、九一の三人の接点が見えてきます。上の写真は長崎を連れだって歩いたベアトと彦馬の親しさを証明しています。下は、彦馬からベアトの写真を見せてもらい、その出来栄えに感心した九一が、自分の菩提寺である大光寺で同じアングルでの写真に挑戦したと推測されます。

大光寺は浄土真宗本願寺派の寺院で、キリシタンに対抗した僧慶了により一六一四（慶長一九）年に中紺屋町で

創建され、六〇（万治三）年に二代目の住持西詠によって現在地へ移されました。一八〇八（文化五）年に起きたイギリス船フェートン号の不法侵入事件の際には、人々の避難所になり、西南戦争では傷病兵や官軍参謀の宿舎に充てられました。

1865年ごろベアトが撮影した上野彦馬と大光寺。石畳に犬が寝ている

1873年内田九一が撮影した大光寺

本堂は木造瓦葺き、間口一六メートル、奥行き一四メートルの大きな一階建ての入母屋造りで、この地に移設されて三〇〇年以上、一度も火災に遭わず今も健在です。庫裏の玄関、石畳、八角の石鉢に植えられた蘇鉄は今もありますが、本堂前の石灯篭は玄関前に移され、一九一三（大正二）年に新しく建て替わっています。異なる年代の同じ場所の写真を比較することで、日本の写真史を代表するベアト、彦馬、九一の巨匠三人の関係が浮かび上がりました。

●横浜の写真家たち

一八六一（文久元）年、日本で最初の写真館を江戸薬研堀で開業した鵜飼玉川《ぎょくせん》は、横浜でアメリカの写真家オリン・フリーマンから写真術を学びました。横浜は長崎と並ぶ写真発祥の地です。

横浜アルバム

下岡蓮杖はオランダ人外交官ヒュースケンや、アメリカの写真家でプロシアのオイレンブルグ使節団の公式写真家を務めたジョン・ウィルソン、アメリカ改革派教会の牧師サミュエル・ブラウンの娘ジュリアらから写真術を学び、一八六二年、横浜弁天通りに四〇歳で写真館を開業します。蓮杖は七〇（明治三）年にスタジオを弟子に譲りますが、横山松三郎、臼井秀三郎、江崎礼二、鈴木真一といった後継者を育てています。

一八三二年ベニス生まれのイタリア系イギ

リス人フェリックス・ベアトは、クリミア戦争、インドのセポイの反乱、中国の第二次アヘン戦争を取材したあと、六三（文久三）年春、横浜に来航し写真館を開設します。イギリス公使パークスやイギリスの海軍と交わり、フリーメーソンの人脈を利用しながら、軍艦に乗って日本各地の名勝、旧跡、風景、人物を撮影します。ベアトの写真の腕前は技術的にも芸術的にも飛びぬけています。ベアトの財産は七七年にオーストリア人のスチルフリードに譲られ、八五年にはアドルド・ファルサーリに継承されます。八〇年代に着色したスービニアアートの横浜写真を販売する日下部金兵衛は、ベアトとスチルフリードの絵付け師でした。

横浜写真のもう一人の立役者小川一真《いっしん》は、群馬豊岡町で吉原秀雄に師事したあとアメリカ軍艦の水兵となって渡米し、乾板製法やカロタイプを習得しています。

小川は濃尾地震や日清日露戦争、美人の写真集で有名であり、写真館「玉潤会」は東京飯田橋にありましたが、日本の名勝、旧跡を編集した大量の「横浜写真」の制作者でした。

玉村康三郎は島霞谷《しまかこく》の弟子金丸源三に写真術を学び、一八七七（明治一〇）年に浅草から外国人の多い横浜弁天町に移転しました。玉村は全盛期に大勢の絵付け師を雇い、八九年には一〇〇万枚ともいわれる日本の風景、風俗写真をアメリカに輸出しています。

著作権のまだない時代、早逝した内田九一の種板の一部は、これら横浜の写真家に引き取られ、着色されて彼らのアルバムに収載されています。

あとがき

朝日新聞連載中、必ずしも専門でない分野の資料をあさり、専門的に解明すべき問題とのズレに研究の危機を感じることもありました。とはいえ長崎大学附属図書館が二五年の歳月をかけて収集してきた珍しい写真の中から興味深い写真を選び出し、映像の細部を聞きながら、発見した「事実」と「脈絡」を新鮮な情報として読者に伝えるのは楽しみであり、興奮でもありました。連載中は、小さなテーマを考えながらまとまりを持たせたところもありますが、概ねランダムに選びながら素材に肉薄し、調べられる限り、判る限りで伝えるという執筆作法でした。

今回出版社の編集者の目線と力量を借りて、再編集されて本書に仕上がってみると、「影像と解説（言語）」というパーツは「影像事典」の役割を果たし、新しく場所を得て、「異域長崎の近代化」のダイナミズムの描出となり、新しいメッセージを発し始めているようです。

それは長崎が、中央集権的な国家に主導されながら、法治国家と自由貿易のフレームを確立し、産業・交通・通信革命を推し進めながら近代交易都市の繁栄へと脱皮する過程であり、対外的には帝国主義という新たな時代のグローバル環境のなかで、アジアに新しいネットワークを広げる過程です。そこは、現代から振り返れば、日清日露戦争から第一次世界大戦を経て、一五年戦争の結末として、長崎に原爆が投下されることになる源流でもあります。

いま日本は、経済の拡大の中で少子高齢化や環境問題といったひずみが問われ、グローバル世界のなかで再度世界とアジアとの新しい関係の構築（第四の開国）が求められています。すでにグローバルな関係を充分に持っていた長崎の近代は、どのような「世界・アジアと共生する」グローバル要素を新しく付け加えたのか。そしていま地域は、その歴史的な基盤の上にどのように平和な新しいアジアとのネットワークを築くのか。本書はその最初の糸口をほぐそうとするものです。本書で描いた長崎の近代化過程に、歴史的な「回顧と反省」の要素を発見できるとすれば、筆者の狙いも果たされます。

本書が形になるについては、多くの皆様の肩をお借りしました。朝日新聞執筆中遠藤雄司さんはじめ、担当記者の皆様の厳しいコメントは、購読者の声とともに有益でした。下田研一さんはじめ、長崎大学附属図書館のスタッフの皆様には調査を温かく支えていただきました。東京大学東洋文化研究所の羽田正先生率いる「ユーラシア科研」では、常に「世界史を見直す」刺激を与えていただきました。イギリスのアジア古写真研究家で、古くからの友人であるテリー・ベネット、同じく精力的に日本の写真史を掘り起こすセバスチャン・ドブソンのお二人には、初期外国人写真家の活動について教えていただき、写真解読の疑問に即答していただいています。オランダの日本古写真研究の第一人者ヘルマン・ムースハルトさんには、長崎大学附属図書館のボードイン・コレクションの形成にお骨折りいただき、在オランダの日本古写真調査にご協力いただきました。長崎大学附属図書館長在任中に研究協力協定を締結できたフランスのギメ美術館の写真学芸員のジョローム・ゲキエールさん、写真家であり社会科学高等研究院で現代芸術史を教えるクロード・エスティーブさんのお二人には、ギメおよびフランス国立中央文書館が所蔵する日本古写真調査にご協力いただきました。イギリスのセント・アンドリュース大学で日本写真史を教えるルーク・ガートランさんからは、長崎を来訪したオーストリアの写真家スチルフリードやウイルヘルム・ブルガーについて教示を受けています。

古写真研究の大先達上野一郎先生、日本大学芸術学部写真学科の原直久教授、高橋則英教授、田中里実専任講師や日本写真芸術学会の会員の皆さん。東京大学で写真史研究の可能性を模索している倉持基さん。内田九一を中心に写真史の資料を足で渉猟している森重和雄さん。日本古写真史の実証的な研究に先鞭を付けた石黒敬章さん。いつも古写真研究に時代の新風を吹き込む東京都写真美術館の金子隆一さん、三井圭司さん。貴重な日本古写真研究の史資料収集に取り組む日本カメラ博物館の谷野啓さんと学芸員の井桜直美さんには、日本写真史の研究に取り組む同志として交流を続けさせていただいています。

長崎総合科学大学のブライアン・バークガフニ教授が公開する長崎外国人居留地のデータベースのおかげで、居留地を撮影した写真の大半は解明されました。長崎居留地研究会の中島恭子さん、川野紘二さん、木下孝さんやメンバーの皆さまにも町の貴重な情報提供を受けました。長崎大学の「長崎学」を受講する学生のレポートも励みになりました。

長崎歴史文化博物館の大堀啓館長および学芸員の皆様には、たびたび古写真特別展示会を開催していただき、長崎における古写真研究の広がりに力添えをいただいています。長崎市立図書館の田川政徳館長にも、展示会で市民との交流の場を作っていただきました。佐賀大学の青木歳幸教授には、洋学史学会で初期上野彦馬に関する研究発表の機会を与えていただきました。

このほかいちいちここでお名前を挙げることができませんが、本書の成立にご協力いただいた皆様に感謝いたします。

最後に、「長崎今昔」の連載を企画し、本書への再録に快諾いただいた朝日新聞社、写真を提供していただいた長崎大学附属図書館、長崎歴史文化博物館、三菱重工業長崎造船所史料館、長崎文献社の各機関に感謝申し上げます。今回の出版実務に携わっていただいた明石書店編集部の神野斉、森富士夫、内田光雄の皆さん、大変お世話になりました。

なお、長崎ケーブル・メディア（NCM）では、昨年四月からTVレギュラー番組「なんでんカフェ」のなかで、古写真を使った町歩き「長崎古写真ライブラリー」を放映中です。

二〇一四年五月三一日

家族の絆をかみしめつつ　姫野順一

書店，2003年
Himeno, Junichi, 'Encounters with foreign photographer,'『古写真研究』第２号，2003年
———, 'Education of the 'Kangien' and Influence of Foreign Teachers on Early Japanese Photographer Hikoma Ueno',『古写真研究』第３号，2009年
Paske-Smith, M, *Western barbarians in Japan and Formosa in Tokugawa Days 1603-1868*, J.L. Thompson & Co., 1930
McKay, Alexander, *Scottish Samurai: Life of Thomas Blake Glover*, Canongate Books, 1993　平岡緑訳『トーマス・グラバー伝』中央公論社，1997年
Moeshart, H.J., *Arts en Koopman in Japan 1859-1874,* De Bataafsche Leeuw, 2001
———, *Een miskend geneeshee, Dr J.K. van den Broek en de overdracht van kennis van vesterse technologie in Japan 1853-1857,* De Bataafsche Leeuw, 2003
Rosenberg, Gert, *William Burger,* Christian Branstatter, 1984
Rousmaniere, Nicole Coolidge, Hirayama, Mikiko, *Reflecting Truth,* Hotei Publishing, 2004

【ネット情報】

長崎大学附属図書館　長崎大学電子化コレクション
http://www.lb.nagasaki-u.ac.jp/search/ecolle/
同　幕末・明治期日本古写真コレクション　http://www.lb.nagasaki-u.ac.jp/search/ecolle/
同　日本古写真超高精細画像データベース　http://oldphoto.lb.nagasaki-u.ac.jp/zoom/
同　日本古写真アルバムボードイン・コレクション
http://oldphoto.lb.nagasaki-u.ac.jp/bauduins/jp/11.html
同　日本最初の英字新聞The Nagasaki Shipping List and Advertiser電子版
http://gallery.lb.nagasaki-u.ac.jp/nsla/index.html
藤城かおる　長崎年表　http://f-makuramoto.com/01-nenpyo/01.nenpyo/00.html
Burke-Gaffney, Brian, Nagasaki, People, Places and Scenes of the Nagasaki Foreign Settlement 1859-1941 (Data Base)　http://www.nfs.nias.ac.jp

布袋厚『復元！　江戸時代の長崎』長崎文献社，2009年
ポルスブルック／ヘルマン・ムースハルト編著／生熊文訳『ポルスブルック：日本報告1857-1870オランダ領事の見た幕末事情』雄松堂出版，1995年
ポンペ・ファン・メールデルフォルト／沼田次郎・荒瀬進訳『日本滞在見聞記：日本における五年間』新異国叢書第10巻，雄松堂出版，1968年
本馬恭子『大浦慶女伝ノート』自費出版，1990年
松竹秀雄『ながさき稲佐ロシア村』長崎文献社，2009年
三菱造船株式会社長崎造船所職工課『三菱長崎造船所史』（非売品），1928年
森重和雄『幕末・明治寫眞師　内田九一』内田写真株式会社，2005年
安田克廣編『幕末維新』明石書店，1997年（『古写真研究』第１号の再編集）
保田孝一『最後のロシア皇帝ニコライ二世の日記』講談社学術文庫，1964年
八幡政男『評伝上野彦馬』武蔵野書房，1993年
山口光臣『長崎の洋風建築』長崎市教育委員会社会教育課，1967年
横浜開港資料館『幕末明治の風景と人びと』明石書店，1987年
横山宏章『長崎が出会った近代中国』海鳥社，2006年
―――『長崎唐人屋敷の謎』集英社，2011年
横山宏章／陳東華『孫文と長崎』長崎文献社，2003年
レイン・アーン／ブライアン・バークガフニ／フミコ・アーンズ『長崎国際墓地に眠る人びと』長崎文献社，1991年
Bennett, Terry, *Old Japanese Photography Collectors' Data Guide*, Quaritch, 2006
―――, *Photography in Japan 1853-1912*, Tuttle Publishing, 2006
Dobson, Sebastian, 'The Prussian Expedition to Japan and its Photographic Activity in Nagasaki in 1861', 長崎大学附属図書館編『古写真研究』（英文）第３号，長崎大学附属図書館，2009年
Hellyer, Robert, *Defining Engagement; Japan and Global Contexts, 1640-1868*, 2009
Gartlan, Luke, 'Photography and the Imperial Austrian Expedition in Nagasaki 1869-70',『古写真研究』（英文）第２号，長崎大学附属図書館，2003年
Gardiner, Michael, *At the Edge of Empire: The Life of Thomas Blake Glover*, Birlinn, 2007　村里好俊・杉浦裕子訳『トマス・グラバーの生涯』岩波書店，2012年
Griffis, William Elliot、松浦玲監修／村瀬寿代訳編『日本のフルベッキ』洋学堂

中島広足「樺島浪風記」『橿園文集抄』新撰書院，1934年
中島恭子「幕末期ベアトアルバムにおける表象空間の複層性」『日本芸術写真学会』第19巻第2号，2010年
中島恭子／姫野順一／岡林隆敏「長崎外国人居留地形成に見る歴史資料としての古写真の意義と可能性」『日本芸術学会誌』第20巻第1号，2011年
中西啓『長崎医学百年史』長崎大学医学部，1961年
饒田喩義編述／丹羽漢吉訳著『長崎名勝圖繪』長崎文献叢書第一集・第三巻，長崎文献社，1974年
浜崎国男『長崎異人街誌』葦書房，1978年
原田博二『石崎融思筆唐館図蘭館図絵巻』長崎文献社，2005年
――――『カラー版　長崎南蛮文化のまちを歩こう』岩波ジュニア新書，2006年
菱谷武平著／出島研究会責任編集『長崎外国人居留地の研究』九州大学出版会，1988年
秀村選三『明治前期肥前石炭礦業資料集』文献出版，2006年
姫野順一「日本の近代化と古写真の国際情報性―長崎写真小史」長崎古写真研究会『古写真研究』第1号，長崎大学附属図書館，1994年
――――「江崎家『上野彦馬アルバム』と日本における初期写真アルバムの歴史」『上野彦馬撮影局―開業初期アルバム』尼崎市総合文化センター，2007年
――――「九州における写真技術の導入と伝播」『大日本全国名所一覧―イタリア公使秘蔵の明治写真帖』マリア・ディ・ルッソ／石黒監修，平凡社，2001年
――――『龍馬が見た長崎』朝日新聞出版，2009年
――――「明治初期における上野彦馬の作品と作風―ヨーロッパと日本文化の融合」『洋学』第19・20合併号，洋学史学会，2014年
姫野順一編『海外情報と九州』九州大学出版会，1996年
フィリップ・シーボルト／石山禎一・牧幸一訳『シーボルト日記』八坂書房，2005年
深潟久『長崎女人伝』西日本新聞社，2007年
ブライアン・バークガフニ編著『華の長崎』長崎文献社，2005年
――――／平幸雪訳『花と霜―グラバー家の人々』長崎文献社，1989年
――――『グラバー園への招待』長崎游学マップ5，長崎文献社，2010年

渋谷雅之『原本解読版長井長義日記』徳島大学薬学部長井長義資料委員会,2002年
社団法人霞会館『鹿鳴館秘蔵写真帖』平凡社，1997年
白浜祥子『ニコライの首飾り』彩流社，2002年
末松謙澄『防長回天史』末松春彦，1921年
鈴木八郎／小沢健志／八幡政男／上野一郎『写真の開祖上野彦馬』産業能率短期大学出版部，1975年
セバスティアン・ドブソン「ジョン・ウィルソン―新たな資料から解明された彼と仲間の写真家たち」『日本写真芸術学会誌』第16巻第1号，2007年
セバスティアン・ドブソン／スヴェン・サーラ『プロイセン・ドイツが観た幕末日本』ドイツ東洋文化研究協会，2011年
全日本司厨士協会北海道本部『北海道西洋料理界沿革史』同会本部，1962年
陳祖恩／大里浩秋訳『上海で生きた日本人』大修館書店，2010年
長崎縣教育會『長崎縣教育史』第1巻，同会，1942年
長崎県史編集委員会『長崎県史：対外交渉編』吉川弘文館，1986年
長崎市『長崎市史』風俗編／通交貿易編（東洋諸国部）／通交貿易編（西洋諸国部）／地誌編（名所旧跡部）／地誌編（仏寺部）〈上・下〉／地誌編（神社教会部）〈上・下〉，長崎市役所，1925年
長崎市『長崎市制六十五年史』全3巻　長崎市役所総務部調査統計課，1959年
長崎市史年表編さん委員会『長崎市史年表』長崎市役所，1981年
長崎市出島史跡整備審議会『出島図』中央公論美術出版，1987年
長崎女性史研究会『長崎の女たち』長崎文献社，1991年
長崎図書館『幕末・明治期における長崎居留地外国人名簿』長崎県立長崎図書館，2004年
長崎大学附属図書館編『マンスフェルトが見た長崎・熊本』長崎文献社,2012年
長崎大学附属図書館編『明治七年の古写真集』長崎大学コレクション①，長崎文献社，2007年
長崎大学附属図書館編『ボードインアルバム』長崎大学コレクション②，長崎文献社，2011年
長崎大学『出島の科学』刊行会『出島の科学―長崎を舞台とした近代科学の歴史ドラマ』九州大学出版会，2002年

◉主な参考文献とネット情報◉

【参考文献】

青木永繁『鎮西大社実録大成』長崎歴史文化博物館蔵

A・ボードウァン著／フォス美弥子訳『オランダ領事の幕末維新』新人物往来社, 1987年

石井研堂『明治事物起原』橘南堂, 1908年　ちくま学芸文庫　全8冊, 1997年

石黒敬章／渋谷雅之『英傑たちの肖像写真』渡辺出版, 2010年

太田由紀『長崎くんち考』長崎文献社, 2013年

岡林隆敏『上海航路の時代』長崎文献社, 2006年

岡林隆敏／林一馬編『長崎古写真集—居留地編』長崎市教育委員会, 1995年

金子隆一「内田九一の『西国・九州巡幸写真』の位置」『版画と写真』神奈川大学21世紀COEプログラム, 2006年

活水学院百年史編集委員会『活水学院百年史』福岡印刷株式会社, 1980年

嘉村国男『長崎事典・歴史編』長崎文献社, 1982年

――――『長崎事典・風俗文化編』長崎文献社, 1982年

――――『新長崎年表（下）』長崎文献社, 1976年

関西大学東西学術研究所『長崎唐館図集成』関西大学出版部, 2009年

菊池明／山村竜也『完本坂本龍馬日記』新人物往来社, 2009年

木下孝『長崎に眠る西洋人』長崎文献社, 2009年

楠本寿一『長崎製鉄所』中央公論社, 1992年

小坂文乃『革命をプロデュースした日本人』講談社, 2009年

呉秀三『シーボルト先生：其生涯及功業』吐鳳堂, 1926年

古賀十二郎『長崎醫術傳來史』形成社, 1972年

――――／長崎学会編『新訂　丸山遊女と唐紅毛人』前篇・後篇, 長崎文献社, 1995年

後藤和男／松本逸也『甦る幕末』朝日新聞社, 1987年

斎藤多喜夫『幕末明治横浜写真館物語』吉川弘文館, 2004年

柴多一雄『長崎古写真紀行』長崎文献社, 2011年

芝哲夫『オランダ人の見た幕末・明治の日本』菜根出版, 1993年

ま行

や行

ら行

わ行

た行

な行

は行

さ行

《事　項》

あ行

か行

や行

ら行

た行

な行

は行

ま行

◉索　引◉

《人　名》

［著者紹介］

姫野順一（ひめの・じゅんいち）

一九四七年生まれ。博士（経済学）。九州大学経済学部助手、長崎大学教養部講師・助教授・教授・附属図書館長を経て、現在、長崎大学名誉教授、大学院水産・環境科学総合研究科客員教授、附属図書館古写真資料室員。ケンブリッジ大学クレアーホール終身会員。

主な著書

『J・A・ホブスン　人間福祉の経済学』（昭和堂）

『マルサス　ミル　マーシャル：人間と富との経済思想』（共著、昭和堂）

『地域環境政策』（共著、ミネルヴァ書房）

『海外情報と九州』（編著、九州大学出版会）

『龍馬が見た長崎――古写真が語る幕末開港』（朝日新聞出版）

『*Reflecting Truth*』（共著、Sainsbury Institute and Hotei Publishing）

古写真に見る幕末明治の長崎

二〇一四年六月一〇日　初版第一刷発行

著　者　姫野順一

発行者　石井昭男

発行所　株式会社　明石書店

〒101-0021東京都千代田区外神田6-9-5

電　話　03-5818-1171

FAX　03-5818-1174

振　替　00100-7-24505

http://www.akashi.co.jp

装丁　明石書店デザイン室

印刷・製本　モリモト印刷株式会社

ISBN978-4-7503-4022-7

（定価はカバーに表示してあります）